2035 见

谨以此书献给
正在奋斗中的企业家。

一路同行

高维增长

——专业级企业家的必修课

刘海峰 著

电子工业出版社

Publishing House of Electronics Industry

北京 · BEIJING

图书在版编目（CIP）数据

高维增长：专业级企业家的必修课 / 刘海峰著.
北京：电子工业出版社，2025. 5. -- ISBN 978-7-121
-49554-0

Ⅰ. F279.23

中国国家版本馆CIP数据核字第2025HM4048号

责任编辑：晋　晶
印　　刷：河北迅捷佳彩印刷有限公司
装　　订：河北迅捷佳彩印刷有限公司
出版发行：电子工业出版社
　　　　　北京市海淀区万寿路173信箱　　邮编100036
开　　本：880×1230　1/32　印张：7.5　字数：210千字　彩插：7
版　　次：2025年5月第1版
印　　次：2025年5月第1次印刷
定　　价：99.00元

凡所购买电子工业出版社图书有缺损问题，请向购买书店调换。若书店售缺，
请与本社发行部联系，联系及邮购电话：（010）88254888，88258888。
质量投诉请发邮件至zlts@phei.com.cn，盗版侵权举报请发邮件至dbqq@phei.com.cn。
本书咨询联系方式：（010）88254199，sjb@phei.com.cn。

推荐序一

吴小平

中金公司财富业务前执行总经理
和讯网前COO、天使投资人
财经评论家、商业观察家、金融知识分
享者

总量已达120 万亿元的中国经济的发展过程，也是中国
商业战略智慧不断凝结的过程。我们既需要有万千企业家不
断冲在一线创新创业，也需要有一批思想者勤于总结、勤于
展望、勤于规划，与时俱进、细致入微地画好中国企业尤其
是广大中小企业的成长路线图。

刘海峰，就是这样一位企业战略的思想者。他的《高维
增长》，就是一张中国中小企业家必读的成长路线图。在这张

路线图里，给我留下印象最深且我最认同的商业智慧，是"借力"二字。

这本书，您可以读三次。销售额达到1000万元时读一次，销售额触及1亿元时又读一次，销售额突破10亿元时再读一次。而每一次阅读，您都会对"顺势借力，价值倍增"这八个字有全新理解：1000万元时的借力和10亿元时的借力，力不等，力不同。

以中国经济体量之大，其涉及的人才资源、营销资源、金融资源、政府资源等，其实是丰富的。但是，很多企业家朋友，总是觉得自己能力不够，企业触及的资源不够，只能坐视一次次发展良机与自己擦身而过而发出一声叹息。

解决方案在哪里？就在《高维增长》中。

读完这本书，您会彻底明白，在不同的发展周期，使用哪种战略策略，才能借助政府、资本以及产业的力量，实现企业的突围成长，显著拉开与竞争对手的差距。同时，您也会明白如何才能"站在高处看全局，着眼未来看现在"，提醒自己做人做事做企业，要建立一种整合思维而非对立思维，才能改善方向感，提升决策力。

千里马常有，而伯乐不常有。中国不缺乏雄心勃勃的企业家，也不缺乏升级换代的各类资源，但优质的商业思想，能够切实为中国中小企业家带来价值的商业思想，确实难得！

反复读《高维增长》，一生做高维企业。

推荐序二

夏晋宇

中国商业课程打造专家
被誉为"大师背后的大师"
研发的课程年销售额均超一亿元

接到海峰老师要我为《高维增长》一书写序的邀请，我的第一反应是婉拒。不是因为客气，而是觉得自己的分量不够。乐于为海峰老师写序的大咖一大把，比如中金资本、东方汇富、老爸评测、云集数科的创始人或领导者……这些大咖中，有的是他的学生，有的是他的投资人，有的是被投企业家，怎么也轮不到我呀！

但海峰老师说，就这本书表达的思想而言，我最懂！

　　我确实一直在学习和研究海峰老师撰写的《高维增长》，即使这样，为这本书写序还是让我非常忐忑。

　　因为职业的缘故，我每年需要接触非常多的培训公司、老师和课程，10多年来听了太多课，见了太多老师。结识海峰老师是因为听了他的一堂高端精品课"高维战略"。这堂课给我印象深刻。好久没有听过这么棒的课，好久没遇到这么棒的老师，这堂课让我耳目一新，不舍得错过课程中的任何一句话，它完全颠覆了我对商业的认知和理解，最可贵的是其中原创的战略方法论。时代华商创始人鲁强曾鼓励我给企业培训行业的老师们做个评测，其实，我哪有那个资格，但每次听完老师们的课以后，我确实会有点"尖酸""刻薄"地给老师们提一大堆我的建议。但听完海峰老师的课后，我现场真的没法给他提更有价值的建议，我跟他说，如果真想让我提建议，至少要听三遍才行！我也向他请求，如果有可能，我愿意深入地学习和研究这套"高维战略"理论。正是这段经历，让我和海峰老师后续有了更多的相遇相知。

　　企业培训行业从2000年开始，一路自生自长。2021年艾瑞咨询发布的《2021年中国企业管理培训行业报告》显示，2020年管理培训市场规模达1644亿元。这意味着一方面这个行业在中国有巨大的市场需求和空间，但另一方面，又说明这个行业没有壁垒，进入门槛很低，需求端也不成熟，导致整个行业"假大空"之风久矣，尤其是一些负面事件让社会评价普遍较低，观感较差，最终结果是真正优秀的人才不愿意深耕这个行业。虽然市场规模和空间巨大，但整个行业水平还处在非常原始的状态。正是因为有种种乱象，我作为培训行业的一名老兵，也始终担忧这个行业的未来发展。

但海峰老师领导的一亿中流让我对企业培训业的发展充满信心。我和他曾经有过一次对话，我问他：您是北大毕业的高材生，众多上市公司的座上宾，多家知名公司的背后投资人，还是萌诺母婴和一亿中流的创始人，一亿中流企业服务加速器板块也在全国遍地开花，一亿中流产业投资及产业总部经济捷报频传，萌诺母婴也做得非常不错，为什么要涉足企业培训这个非常不成熟的行业呢？这次对话虽然离今天有点久远，但我直到现在仍然记得海峰老师的核心观点：

第一，企业服务未来是超十万亿元级别的大赛道。从商业演变的历史规律看，在这个赛道市值百亿元甚至千亿元的公司会非常多，企业培训行业是企业服务大赛道的一环，不能孤立存在，也不能孤立地就培训行业谈培训行业。如果眼里只有培训，看不到企业服务这个大赛道，就无法真正理解企业培训这个行业。

第二，企业培训行业的使命和价值不能只站在当下来看，这个行业的使命和价值要站在2035年看才有意义。2035年，中国的人均GDP将达到2.5万至3万美元，这意味着中国将迈入一线发达国家行列。从欧美产业史看，未来产业会高度细分，大部分细分赛道都会涌现出龙头企业，这意味着很多小微企业会消失，但也给了很多中小企业更多逆袭的机会，因为人均GDP每翻一番，产业将会重塑一次，就会迎来一个新的时代。企业培训行业只有基于这样的历史使命，才能清楚地知道自己的价值，才能真正为中国企业赋正能，为商业世界注清流。

第三，一个行业的成熟度其实取决于核心消费群体，"60后""70后"企业家会逐步退出历史舞台，"80后""90后"新生代企业家即将成为主流。这批企业家思考更理性，眼界更开阔，学识更渊博，将成为推动企业培训行业走向成熟的核心力量。正是因为有这个群体，一亿中流才对企业培训业充满信心。站在他们的角度看，他们不仅需要参与实战、知行合一、更高维度的老师，更需要真正意义上的长期陪伴。"忽悠、缺乏实战、只讲课不陪伴"的培训公司，未来一定会被淘汰。这恰恰给那些敬畏企业家、参与实战、致力于长期陪伴的培训公司带来了大机会，当然，也包括一亿中流。

海峰老师的观点其实就是《高维增长》这本书的核心思想。不管是哪个行业，还是哪家企业，都要顺势借力，不能只看当下和自己的一亩三分地，要顺未来的势，顺周期的势，顺全局的势，借产业的力，借资本的力，借政府的力。当下的问题和困惑，如果只站在当下看，都是无解的！

在这本书里，有大量海峰老师总结的实践案例和深度思考，实际上底层逻辑和方法论就是顺势借力。他是真正讲我所做，做我所讲，很多的思想观点可能是很多企业家认知以外的，正因为如此，我强烈推荐企业家、高管和培训行业的同行来详读这本书。

自序

虽有智慧，不如乘势；虽有镃基，不如待时。

——孟子

一个人再聪明，大势不在也会一事无成，人抵挡不了历史的"势"；农民就算有再好的农耕工具，也抵不过春天播种秋天收获的"时"。战国时期的思想家孟子，用短短16个字，便道破了"势能"与"智慧"的关系。

作为从商者，不能悟透聪明、勤奋背后的商业大趋势、大规律、大逻辑，只会低头拉车，很难真正在商业中有大的作为。理解不到这个层面，即使赚到了钱，也只是凭借着"好运气"撞到了大势，继续蒙着眼睛在商业里前行，早晚也会因为"坏运气"统统赔掉。有人说"人赚不到认知以外的钱"，我认为更确切的表达应该是"人保留不住认知以外的财富"。以机会主义、经验主义、拿来主义的旧认知，疯狂学习各式各样的商业快餐之术的企业，已经无法适应当前中国的商业竞争了；单一视角而非全局视野、短期主义而非长期主义、点状思考而非系统构思、生意人思维而非企业家思维，已经是企业家升级革新的最大阻碍。

我们需要一套全新的认知，一套知行合一的方法论来武装我们的企业家，来改变我们的商业轨迹，改变人生走向。

"顺大势，借大力"，基于产业的趋势布局、基于商业的规律攻守兼备、借各类商业资源的组合运作……一套不同以往的全新"高维战略"，将是所有企业家在成为专业级赛手道路上的必修课。

中国的商业，历经40多年的改革开放，各个行业千军万马，旧认知不再适用中国当下的商业竞争。在经济增速新常态下，各行业由总量增长向高水平的质量增长转变。各个行业大量的参与者，只有在行业混战整合后才能看到新希望。在这样的时代背景下，过去支撑企业家发展的诸多战略、策略都已失效。

模仿战略只能模仿别人的过去；效能战略只能解决公司

经营层面的效率优化问题，但无法解决公司发展空间和生存等大的问题；差异战略实际上是换个花样玩一样的东西……传统战略失效、传统经营思维失效，是当前5000多万中国企业家共同面临的问题。

中国正焕发着前所未有的生机，拥有世界上最大想象空间的商业环境。每年数十万亿元的新增投资，不缺资金；数亿劳动人口，不缺人才；百万亿元级的内需空间，不缺市场；世界上最大的产业链，不缺供给。

充沛的生产资源与艰难的市场混战是这个商业时代的一个明显特征。在这样的时代背景下，力图保持经营持续增长的企业家，面临着前所未有的挑战。他们忽然发现，旧有看待商业的思维不够用了，如果不能更上一个层面，不能站在高处看全局，不能着眼未来看现在，许多头痛医头、脚痛医脚的思维方式，最终只会让问题无解，让企业陷入死局。用新商业思维武装的专业级企业家，会最终胜出！

在创办一亿中流以前，我在国内领先的某咨询集团有着近10年的上市公司咨询经验。帮助上市公司在战略、组织、资本上完成升级的高强度工作，极大地提升了我的商业思维，使我能从全局、长期的角度，用专业系统的思维帮助上市企业理性思考，再上新台阶。但当我怀揣着梦想，带领团队，立志要陪伴一批千万元级到亿元级的企业成长壮大时，我却遇到了前所未有的挑战。

与上市公司不同，这批中小型企业，有着巨大的思维漏洞。这些企业之所以难以完成突破，很大程度上是因为它们无法完成认知的系统升级。更严重的是，中小企业"缺枪少炮"。匮乏的资本资源、产业资源、人才资源更是让它们处处陷入被动。

一亿中流如何帮助这批企业完成逆袭，成了一个大难题。数年的全情投入，在帮助企业在困局中实现逆袭突破，获得行业领先地位的过程中，在大量的投入、试错和实践下，一亿中流形成了一系列思维方法论的雏形。

我可以骄傲地说，我们真正在践行着商业的知行合一，所说即所做，所做即所说。一亿中流自身数十倍产值提升的突破式发展、从一条短视频成长为拥有5000万粉丝的老爸评测、从零起步到3年成长为长三角龙头的萌诺母婴、3年时间便成为行业龙头的跨境电商赋能平台欧税通……这背后都有一亿中流专业方法论的身影。

伴随着大量接受过一亿中流培训的企业家在各个行业的脱颖而出，我深深地意识到，在他们走向成功的背后，这一套全新的商业思维，一种独特的"高维战略"，也像孩子一样，逐步成熟了。

某种意义上说，一亿中流每年新增服务5000多家亿元级企业，在全国数十地与地方政府战略合作运营一亿中流企业服务加速器，推动中小企业的转型升级，一亿中流产业投资（中流资本）每年赋能投资数十家标杆企业，一亿中流产业总部经济（一亿基业）成为各地新型产城融合的范本，一批亿元级企业的弯道超车，3年5倍、5年10倍的逆势增长，都获益于这套思维体系。

编写这本书，最初的想法是作为内部读物，写给我们正在服务的大量亿元级企业家，使他们离开课堂时，在商业实战中，用于持续突破思维认知，作为私家秘籍，成为放在企业家桌上的方法论读本，成为时时提醒企业家高维思考的商业专业级企业家的必修课地图。

但我慢慢意识到，这样的一种"高维战略"，不仅仅可以作为企业家的必读之物，更多时候，所有参与市场经济的人士，都需要这样的高维思考，需要换一种视角理解商业，提高一种认知来改变行为，找到属于自己的未来之路。只有这样，在未来的某一天，我们共同看待的商业，才会长成我们期待的模样！

抱着这样的初心，这本书问世了。希望这本书能给更多人带来认知的改变，进而积极改变他们的人生和企业；希望在万千世界中，立志长远的企业家能将心注入，掌握商业哲学，穿透迷雾、理性思考、洞见未来，投其一生打磨出一件与众不同的商业作品，演绎真正精彩丰富的商业人生。

最后，感谢所有陪伴一亿中流成长的参与者、企业家，他们是这场浪潮的真正弄潮儿，他们是所有思想创见最重要的根基！

一亿中流集团董事长

CONTENTS
—— 目录

01

第一篇

成为商业战场的专业级赛手

无法回到过去，但可以预测未来

商业世界里，角逐的就是一个人的宏观视野与微观战斗力

专业级赛手与非专业级赛手

判断一个赛手是否专业，就看他是否拥有清晰的赛前规划以及长远目标。

1927年出版的历史特写集《人类的群星闪耀时》中有一篇名为《南极争夺战》的文章，纪念的是最早到达南极点的两位科学探险家——挪威人阿蒙森和英国人斯科特。这是人类历史的伟大时刻，更为重要的是，其中蕴含了无尽的商业宝藏。

在1911年12月以前，尚未有人到达过南极点。南极幅员辽阔，与北极一起，并称地球"两极"。然而，南极相较于北极，气候更为恶劣：首先，南极的"杀人风"风速常常能达到55米/秒，最大风速甚至能达到100米/秒（迄今为止所记载的最大风速），相当于12级台风风力的3倍，因此南极也被称为"风极"；其次，南极同时也是地球上最寒冷的地区——其内陆高原的平均气温为-56℃，极端地区最低气温甚至达到-91.8℃。然而，正是这些"极值"，让南极成为探险者心向往之却无法企及的神圣之地。因此，一场围绕着"谁先第一个到达南极点"的角逐，悄然开始。

1910年11月，挪威探险家阿蒙森乘坐"弗拉姆号"船离开挪威，启航前往南极。有意思的是，为了不引人注意，在出发时阿蒙森团队对外宣称是向北极出发，直到行程过半，才正式公开了他们的南极计划。而此时，同在欧洲的竞争对手斯科特团队也在向南极进发，一场围绕着南极"极点"的竞赛，正式开始。

1911年10月，阿蒙森先于斯科特到达罗斯冰架东端的基地，并向南极点发起最后的冲击。两个月后的12月14日，阿蒙森团队完成壮举，率先到达南极点，插上了挪威国旗，永载史册，获得一切荣誉。而几乎同时段出发的斯科特团队，虽然经历了一样的艰难险阻，但由于到达南极点的时间晚了一个多月，只能屈居第二。不可否认，即使是100多年前的事，放到现在来看仍然堪称壮举。

故事到这里并没有结束，不光要到达南极点，更重要的是，要活着回去。阿蒙森团队率先到达南极点之后，顺利返回基地，而斯科特团队，不仅晚到一步，没有获得开拓者荣誉，更为糟糕的是，在回程路上由于气候突变、频遭事故，不断有人掉队，最终酿成无一人生还的悲剧。

是英雄还是过客？是永垂青史还是沧海一粟？任何的成功都绝非偶然，都是由无数个必然叠加而来的。

相似的出发时间、相似的团队背景，最终却演绎了截然不同的两种结局，这肯定不仅仅是成与败的问题。那么，是什么造成这两个团队的先后之别、生死之差？通过对事件的复盘和研究，我们发现了隐藏在背后的三个深层原因。

第一，学习最适宜的方法，采用最可靠的工具。阿蒙森团队在出发之前进行了充足的行前经验储备与计划安排。阿蒙森本人为了极地探险，曾和因纽特人一起生活了一年多，

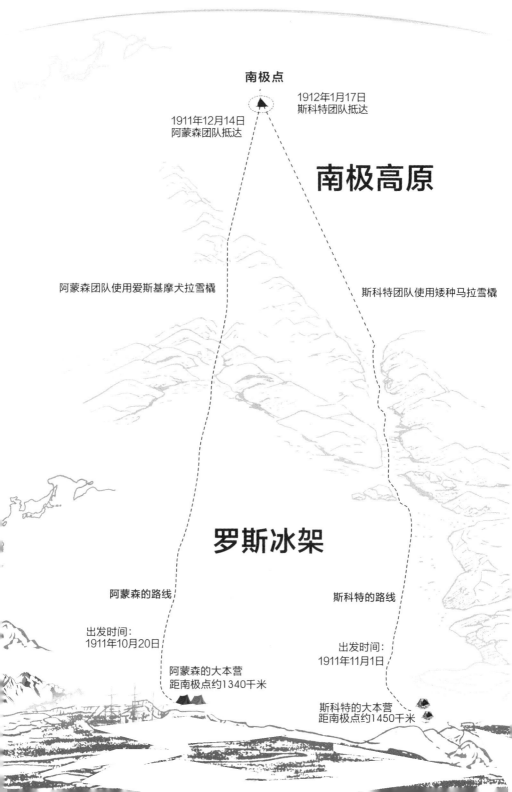

南极点

1911年12月14日
阿蒙森团队抵达

1912年1月17日
斯科特团队抵达

南极高原

阿蒙森团队使用爱斯基摩犬拉雪橇

斯科特团队使用矮种马拉雪橇

罗斯冰架

阿蒙森的路线

斯科特的路线

出发时间：
1911年10月20日

出发时间：
1911年11月1日

阿蒙森的大本营
距南极点约1340千米

斯科特的大本营
距南极点约1450千米

去学习如何在冰天雪地中生存。在行进工具的选择上，阿蒙森听取了因纽特人的建议，足足准备了97条爱斯基摩犬，他们认为只有爱斯基摩犬才是在南极冰天雪地中行进的最佳帮手；相比而言，斯科特团队想当然地认为矮种马拉雪橇更为合适。最终的结果是：马虽然更强壮，在启程初期行走速度更快，但进入冰天雪地的环境之后，马无法耐极寒，走到半路都冻死了，最后只能依靠人力来拉雪橇，很大程度上导致了最后的延迟到达；爱斯基摩犬虽然走得慢，但能在很冷的条件下生存，从而保证了行进速度。

第二，充分预知困难，预留犯错空间。 阿蒙森团队物资准备得非常充分。去南极探险，需要综合考虑人、物资等各种突发情况的应对准备工作，因此阿蒙森团队准备了3吨物资，而斯科特团队为了追赶竞争对手，仓促启程，只准备了1吨物资"轻装上阵"。1吨物资只适用于不犯任何错的理想状态，因此一旦出现意外，后果不堪设想。而阿蒙森团队充分预知到环境的恶劣，做好了充足的准备，为自己预留了犯错空间。

第三，高度遵守纪律，做到可持续的最好。 阿蒙森团队在出发前制定"马拉松战略"，并在行进过程中严格按计划推进。具体而言，阿蒙森团队自我规定：无论天气好坏，坚持每天前进30千米。在一个极限环境中，不仅要做到最好，更重要的是要做到可持续的最好。相反，从斯科特团队留下的日志记载来看，这是一个随心所欲、没有规划的团队：天气好就全军急行，日行四五十千米甚至60千米；天气差的时候就原地扎寨，终日除了吃睡，就是抱怨天气和运气不好。而这种无规律、乱节奏的战略，大量消耗团队的战斗力，也导致了最终悲剧的发生。

由于出发前的准备充分、战略得当，以及过程中坚守原则行事，阿蒙森团队于1912年1月25日全部返回营地，而这个日子和阿蒙森3年前计划的归程日一天不差，是巧合更是奇迹。后来有人评价阿蒙森的成功来自好运，他的回答是："最重要的因素是探险的准备工作如何，你必须要预见可能出现的困难，遇到了该如何处理或者如何避免。成功等待那些统筹规划、步步为营的人——人们管这个叫作好运气。对于那些不能预见困难并及时应对的人来说，失败是难以避免的——人们称这个为坏运气。"

联系到现代商业世界，诸多行业、万千赛道，又何尝不是在上演一场场"夺取南极的斗争"？商业是一场赛跑，当机会出现时，我们要意识到，在世界上的不同地区，一定会有不少英勇的创业者相继启程，一时间万马奔腾，你追我赶。谁有备而来，谁后发先至，谁随波逐流，谁步步为营……竞赛贯穿始终，成果是方法最好的检验者。**因此，企业家不能有任何的侥幸心理和投机心态，要想达到目的，必须做好充足的赛前准备，同时在漫长的竞争过程中，做好战略迭代、持续精进，强大自我，将自己训练成专业级赛手，最终在竞争中脱颖而出。**这就是商业竞争的实质，也是企业家奉行"内圣外王"之道的永恒话题。

商业大分化，只有专业级企业家才能突出重围

　　如果仔细研究美国200多年的商业进化史，你会发现这无疑是一部惊心动魄的竞争与整合史。20世纪，美国共掀起过五次大规模的产业并购浪潮，无数企业从中崛起，成为百年品牌，但更多的参与者只是昙花一现，淹没在历史的洪流中。最终，先进替代落后，专业替代业余，商业愈发成熟，企业家愈加专业。

　　当然，也正是竞争与整合中的一次次优胜劣汰，逐步调整升级了美国的产业结构，奠定了美国在全球经济中的主导

地位，同时奠定了其浓厚的科技创新、产业进步的基础。于是，一群优秀的企业家以及他们带领的公司团队，开始崭露头角，并屹立于世界舞台。

美国第一次产业并购浪潮发生在经济大萧条之后的1897至1904年。第一次并购浪潮几乎涉及所有的采掘和制造业，但主要集中在钢铁、汽车、烟草、石油产品、机械等"国民基础产业"。随后，餐饮、零售、信息技术、金融以及其他的第三产业逐一踏入浪潮，产业整合无处不在。在第一次整合浪潮退去后，风波中的胜利者平均规模扩大了30余倍，享受着产业整合带来的全部红利。更值得一提的是，这些竞争中脱颖而出的佼佼者（如美孚石油、通用汽车、福特汽车、杜邦公司、通用电气等），至今依然屹立不倒，在世界范围内享有盛誉。

学史而明智，查古以知今。美国作为工业时代的全球引领者，其企业并购史，就是一部工业时代变迁史。

美国第一次并购浪潮前后主要大公司的形成

行业	公司	并购发生年份（年）	并购公司数目（家）	被并购产量占总产量的比例
汽车	通用汽车	1908—1910	25	—
钢铁	美国钢铁	1901	8	60%
电器	美国电器	1900—1903	8	90%
烟草	美国烟草	1890—1904	150	90%
橡胶	美国橡胶	1892	12	50%
罐头	美国罐头	1901	123	65% ~ 70%
农机	国际收割机	1902	6	70%
石油冶炼	美孚石油	1880	400	84%
打字机	联合打字机	1892	5	75%
糖业	美国炼糖	1893	55	70% ~ 90%
缝纫机	胜家	1891	—	100%

　　各国共处同一个世界，经济也在不断走向全球化。作为世界经济的领军者，美国的产业整合浪潮也推动了全球产业变革。在此过程中，先后登场的日本、"亚洲四小龙"（中国香港、中国台湾、新加坡、韩国），无一例外经历了"先乱后治"的产业整合阶段。纵观世界商业大潮中近百年的变化，你方唱罢我登场，无数风流人物，各得其所，好不快哉。鉴古观今，以史为镜。学习商业变迁史，对于企业家开阔眼界、拓宽胸怀，大有裨益。

当今世界正经历"百年未有之大变局"，历经改革开放40多年的中国，产业整合的大幕刚刚拉开。

近年来，政府通过大力推进并深化供给侧结构性改革，去除产能过剩行业的散小乱弱现象，提高行业集中度和产能利用率，从而促进产业结构优化升级，这正是产业进化规律的具体体现。

为什么现在很多企业家觉得企业经营难度越来越大、外部环境越来越复杂、业绩波动越来越大？其背后的关键原因在于，中国商业社会已正式进入专业化整合的时代——产业升级与出清并行，各行各业的散乱局面会加速分化，非专业级企业家最终会被出清，而在这个过程中必然伴随着蜕变的阵痛。

事实上，在这样的大变局时代，并不如很多企业家所想的那样，市场变小、机会变少，恰恰相反，产业整合会刺激更大的经济总量的释放，进而创造出更多的商业机会。只是这个过程的实质，是商业实力的竞争，最终能在激烈竞赛中存活并胜出的，一定是专业级企业家。

中国各行各业中，有5000多万个市场参与主体，人人成功、快速盈利的时代早已过去，企业家们会加速分化。

对于80%的非专业级企业家而言，这可能是一个最坏的时代，但对于专业级企业家而言，这却是一个最好的创业时代：大量迸发的机会、庞大的资本涌入、资源的持续累积……在这个阶段，机会和资源不再平均化，而会加速向各个领域的专业级企业家倾斜。这样一来，强者恒强，弱者恒弱，专业级企业家将在商业竞争中脱颖而出、快速发展。

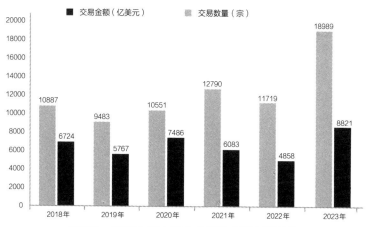

2018—2023 年中国企业并购市场交易趋势

由此可见，中国的创业浪潮已进入专业化阶段，国家、企业、个人都将发生激荡，区域分化、行业分化和企业分化都将更加明显。因此，缺乏专业精神和核心竞争力的企业将一步步淹没在历史大潮中，同时，拥有新商业思维和创新精神的专业级企业将拔得头筹。在不久的将来，中国企业的两极分化状态将逐渐形成，新的商业格局逐步建立。时不我待，只争朝夕。各位企业家，你是选择继续随波逐流，还是逆势突围？这个问题的关键，在于你是否像阿蒙森团队一般，做好充足的赛前准备和清晰的战略规划，并严格执行，从而成为未来突围成功的专业级企业家之一，登上你心目中的"南极"。

如何成为专业级企业家

　　不管你是否接受，我们将迎来专业级企业家主导的商业世界。那么，**如何成为专业级企业家？我认为需要具备两种特别重要的能力素质：一是"高维站位"，二是"专业系统"。**

高维站位

　　我在为企业家提供服务的过程中，往往会面对诸多企业家无法解决的问题。企业家就是在不断面对问题和解决问题中来回奔波。然而，一些企业家遇到看似为"死结""无解"的问题，就如同在前行路上遇到无法逾越的高墙，面对障碍自动后退，在自己陷入无助的同时，让企业也陷入了停滞状态。

每当此时，我都想对企业家朋友们说：当下你遇到的所有解决不了的问题，都是你在更高维度上的某种能力缺失的体现。那么，何为高维？自古以来，有诸多见解。

高维是空间观。许多时候，企业家看不到答案，常常迷失方向，是因为我们"身处山中"，当局者迷，没有站在更高的维度、用全局视角看问题，不能识得"庐山真面目"自然无法发现问题的本质。在商业中，全局就是一种生态思维，能够比别人看到更多的信息和要素：从本企业看到一群企业、从本行业看到全行业、从本产业看到全产业、从产业看到国家、从中国看到全球。许多时候，企业家之间比拼的就是视野与格局。站高一处，视野不同，自然才能大放异彩。

高维是时间观。"不谋万世者，不足谋一时。"在制定战略时，我们要站在未来看现在。产业发展自有其规律，如果不去了解产业变迁史、不动态地研究借鉴头部企业的发展史，那么自然无法以史为鉴，更无法站在长远利益角度预判未来趋势而制定当下战略。这样的企业家，必定会陷入短视思维和经营困境中，无法获得可持续的发展。

在商业进程中，我遇到过许多企业家浮躁又抱有守旧心态，其实都是缺乏长远眼光的表现。商业演变是个动态的长周期竞赛过程，因此任何急于求成、追涨杀跌的行为，最终都会自食其果、走向失败。

高维是一种时空观。"不谋全局者，不足谋一域。"在把握全局中运筹局部，不仅仅是企业家选择方向、制定战略的基本心法，更是企业的组织、人才、资本、业务等一系列重要决策中所不可或缺的思维模式。企业家思考的维度越广、借鉴的经验越多，就越能够向"全局观"靠拢，继而从大局着眼、细节入手。这是每位专业级企业家和核心管理层不可缺少的底层能力，这种能力能够帮助他们在面对各种复杂情境时，高维洞察，从而做出正确的决策。

企业的问题，在身处之地往往无解，但是上升一个层面，却往往能峰回路转、拨云见日。

因此，企业家们在面对创业路上层出不穷的各类问题时，需要在内心做基本的假设和预判。眼下很多感到无法解决的问题，往往不是因为真的无解，多半可能是，你所站的高度和看问题的角度有问题，此时你看到的"问题"确实会阻碍你的发展。但是，当你站在更高的维度，就会豁然开朗，问题迎刃而解。从中长期来看，企业家要想领先一步甚至很多步，必须不断拔高自身视野与专业水准，达到"内圣外王"的境界。

专业系统

有一句时髦的商业调侃，叫"靠运气赚来的钱，凭本事又赔回去了"。这句话的内涵是什么？我的解读就是，人的认知与财富之间成"正相关关系"，当人的认知不到位，但是天时地利的大势却让你赚得盆丰钵满时，不要高兴得太早，此时容易形成非常大的"财富认知差"，很多人会错误地认为这是"自身能力"而非"好运"。但社会上其实有各种各样收割财富的方法，P2P、投资、创业陷阱等。如果你错误地高估自身能力，自认为做出了无比正确的投资，这些勇猛却错误的决策会把你的过往财富积累迅速消耗殆尽。过去凭运气赚的钱，而今会因为自己的专业能力缺失又亏回去。因此，如果你依靠运气获利，而错误地归功于自身能力，那么你往往会因为自身认知的缺失，最终通过其他方式将收益还给市场。

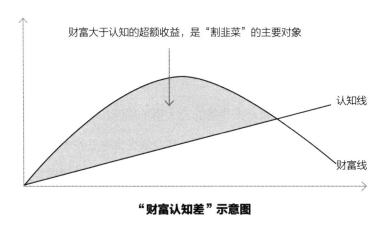

"财富认知差"示意图

企业家的认知决定了企业的高度。一亿中流，旨在培养企业家商业系统思维，用实战教学，让商业变得更简单。

正所谓"德不配位，必有灾殃"。企业家万不可自欺欺人。作为领导者来经营企业，是一份专业度很高的工作，而专业的事需要专业的人去做。你会相信一位不专业、不务实的创业者能够经营出一家专业的公司、做出专业的产品吗？答案是显而易见的。因此，一亿中流一直非常关注和强调对于企业家专业系统思维的培养，希望通过我们的帮助来提升企业家的专业能力。但不同于教科书式的专业教学法，一亿中流更强调通过提升实战能力来帮助企业家走向专业。因为只有这样，企业家才能在面对残酷的商业竞争时，临危不乱，以非常务实的心态打赢对手。

根据一亿中流以往服务超30000家企业的经验，我们总结了专业级企业家必须具备的三大系统思维和十四条实战秘籍。正是这些核心实战能力，让专业级企业家在竞争中脱颖而出，成为商业持久赛中的最后赢家。同时，也正是这样一套系统方法论，让我们能够帮助越来越多的企业，规模从小到大、实力由弱至强，进而实现价值倍增。

本书将与大家分享这三大系统思维和十四条实战秘籍。这是专业级企业家的入门基本功，更是经营好企业的基本条件。如果企业家无法具备这套系统思维体系，学再多理论知识，往往也只能停留在表象。基本功不扎实，即使给你提供正确的发展路径，也难以心领神会，更无法同频共振。

因此，我一直保持一个观点，没有经过系统性专业训练的企业家，很难读懂专业人士给出的建议，也很难真正操作实施这些高级战术。因为这类企业家，往往"听不懂""接不住"从高维角度、通过系统思维推导出的答案，无法与建议者在一个语境中对话。那么无论别人提供多好的解决方案和发展思路，他们都无法做到内心认同，更不用说坚定地去执行了。

假设外界给企业家提供几十种、几百种好的方法建议，最终他们都浅尝辄止，稍微遇到些挫折就回到原点，然后换一种方法尝试。长此以往，花费大量时间在方案尝试和选择上，最后不可能产生好的效果。这个时候，企业家反过来还会埋怨提供的战略思路和方向不对、自身运气不好，其实他们没有意识到，根源在于没有打磨好专业级企业家应具备的基本功。

因此，我们一亿中流为企业家打造专业级企业家的必修课"高维战略"并推出这本《高维增长》，就是希望通过传授我们以往案例中的实战经验,帮助更多的企业家走出当下迷茫,站在高维视角看问题、用专业系统赋予的能力解决问题,修炼基本功,打下坚实基础,最终在成为专业级企业家的道路上破除阻碍、获得成功。这也是本书贯穿始终的宗旨和核心目标。

02

第二篇

顺势而为，用产业观改变商业人生

产业战略高于经营战略
穿透价值赛道的底层商业逻辑

什么是顺势而为，什么是产业观

顺势而为、产业观，是企业家对未来大方向的判断，是对企业发展的宏观的大是大非问题的理解。

"顺势而为，势在哪？看那么多的未来，我也过不好现在！"这是许多悲观自弃者的口头禅。

"产业观有什么用，这不应该是经济学家研究的内容吗？"许多企业家以此为借口，只看当下，只研究自己"看得见摸得着"的舒适区，而并不愿意在大方向上做深度思考。

对于更多的企业家来说，产业观是一块思维盲区。而正是这块思维盲区，导致企业经营过程中出现了一系列"解决不掉"的困扰和问题。

现实是，大企业家、专业级企业家恰恰是因为具备超凡的产业格局与前瞻视野，才总是在红海之中率先看到远处的蓝海，看到了趋势。因为与绝大多数人"想法不同"，他们顺利开辟出了一个又一个与众不同的新赛道与新领地。

科技与物联网领域的小米雷军、互联网与大消费领域的美团王兴、医疗与服务行业的爱尔眼科陈邦……一个又一个领域500强的诞生过程，都是对商业大潮中"宏观视野与微观执行"双料"赛手"胜出的完美诠释。

"没有永远成功的企业，只有时代的企业。"发展方向很大程度上影响了企业的生死，作为企业的领路人，找错方向、错失良机、踩错节拍……都会使企业耗尽命数，最终导致企业衰落与退出舞台。

因此，企业为之奋斗1年、5年甚至10年的方向趋势是否正确，是阳关大道还是慢性自杀，需要企业家们极其专业且谨慎的思考。每年有近千位企业家走进我的办公室，有许多能力强、资源多并且专业水准也很高的企业家，对事业也是全力以赴地投入，但是企业规模、收益、价值都难见改观，反而陷入了某种死循环困境。反观有些企业家，资源禀赋并不丰厚，出身平凡，但他们把准方向、抓住风口，顺势而为，以极其微小的投入便推动了一个巨大的商业改变，并取得丰厚的回报。个中的天壤之别，许多变量就发生在大方向的把控上，这便是"势"和"产业观"的不同。

"势"不是"运"，势是你集合所有信息、能力、资源后对未来的选择，高与低、优与劣，最终的成败，都隐含在你对势的选择和把控中，都会成为未来发展成果所埋下的因。

逆势而动，事倍功半；顺势而为，事半功倍。塑造趋势思维观，就是不断学习如何顺应时势、寻找机会，把好专业级企业家领导企业的方向盘，做好在商业大航海时代中自己企业的指南针。

那么，如何在商业中提升自己的认知高度，提高自己的产业素养呢？我提出了"企业家产业观的五大思维"，作为我们服务企业家的必备思维，与各位分享。

第一，升级思维。沿着人均GDP、人口变迁轨迹寻找产业升级的机会，用升级产业的思路寻找企业发展的新空间及新赛道。

第二，空间思维。不同的产业空间酝酿不同的产业与战略机遇。

第三，痛点思维。问题往往伴随机会产生，在产业现状与未来趋势间寻找痛点，识别产业机会。

第四，周期思维。产业具备周期规律，把准产业周期，找准所处行业位势，从而识别当下和未来的机会与风险。

第五，聚势思维。在产业中聚合能量，塑造向上发展的势能。

升级思维：在中国，升级是最大的趋势

关于一只红酒杯，大家觉得它能给消费者带来哪些改变？我给大家分享一个发生在我身上的小故事。几年前我和太太去捷克、奥地利旅游，拍婚纱照，置办一些婚礼用品。捷克的水晶闻名全球，水晶杯更是享誉天下。作为婚礼的必备品，水晶杯毫无悬念地进入了我和太太的购物清单中。

在布拉格城堡附近，我们随意走进了几家水晶杯门店。这里的水晶杯做工精致、花样繁多、造型精美，着实令人喜欢。一看价格，平均一只要60到100欧元。以中国人的购物经验，我猜想，我们是进入了套路满满的购物景区了，正准备还价，店员敲敲旁边的牌子，客气地说，不讲价。

太太很喜欢，但我不服气。我认为，是区位导致了价格差异，如果到布拉格本地人生活的新城区，我们才会看到正常的价格。结果，事实打了脸，在新城区，价格区间基本一致，连一些酒店用杯，也鲜有看到便宜的。我们毫无抵抗地买了一套心仪的水晶杯。自此，这套水晶杯给我们的生活带来了多米诺骨牌般的效应。

如此精美的水晶杯，什么样的红酒才能与其匹配呢？于是，我开始研究红酒。在品味一款款红酒的过程中，什么样的餐具和配菜能够与之匹配呢？于是，我开始研究国外的各类餐具、食材。

慢慢地，你能猜到接下来会发生什么了吗？是的，一件件与水晶杯格格不入的物件都需要——更换，餐桌餐椅、厨房家电、客厅、卧室……到不得不换了一套房子……人的消费一旦升级，好像真的很难降下去。我们被全面升级了。

实际上，这背后的商业逻辑并不难理解。捷克、奥地利是中欧地区中等发达国家，人均GDP在4万至5万美元，是中国人均GDP的4倍，是上海、深圳地区人均GDP的1.5倍。正是较高的人均GDP水平，提高了这些国家人民的消费水平，培养了他们对生活的高品质追求。因此，所谓优越的生活方式，不是因为民族差异、文化差异，更不是因为消费习惯不同，其最根本的差异，就是"有钱"与"没钱"的区别。这就是中国最大的商机，人均GDP的持续提升带来商业各个领域的持续升级和蜕变，在此过程中，产生了一轮又一轮的商业变革。所有的商业，最终都是由人的需求所推动改变的。

沿着人均GDP的趋势寻找产业升级或降级方向

实际上，世界上所有经济体的根本推动力，都是人类对美好生活的物质追求和精神向往。无论是做农业、工业，还是服务业，无论是做机械、物流、加工、品牌、流通、终端商业等环节，人都是最终的服务对象。因此，了解一个国家、一个地区的群体升级方向，就能把握商业的最终流向。

我们很幸运，生活在中华民族伟大复兴的历史时期。因此，我们能看到中国过去所有的商业剧变，所有领域模式、产品、服务的一轮又一轮升级改变，其背后的最根本动力，就是人的消费力的持续上升，就是国家稳定、持续向上的发展。这样的正向循环趋势一旦形成，不会轻易改变。

但是，我们也要清晰地看到，不是所有的国家都能长治久安的，这与国家经济的发展阶段、国际政治地位等各方面要素高度相关。在日本，人均GDP出现了滞涨，而在南美和东欧一些国家，人均GDP甚至出现了下降。这些国家的商业环境，就不是升级，而是陷入到降级的轨道了。中国大量的外贸服务企业，对这样的趋势变化，应该深有体会。

因此，在寻找产业升级趋势方向时，首先要厘清目标群体的升级方向。我们要坚定地相信中国政治体制、庞大人口基数所带来的根本优势。在此背景下，如果人均GDP能够继续保持5%的复合增速，那么到2035年，我们人均GDP将达到2.5万至3万美元的水平，也就是全中国主要省会城市，都会达到上海、深圳的繁华程度，而上海、深圳，将达到甚至超过纽约、东京的繁华水平。这是历史大趋势，也是中国商业最大的趋势。

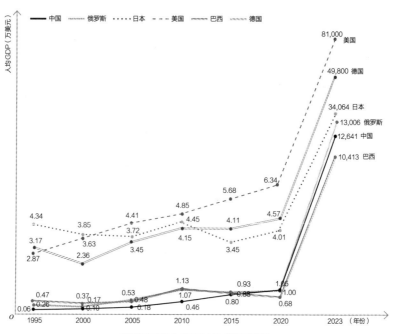

部分国家人均GDP 发展轨迹

  在这样的商业洪潮下，14亿人口的消费能力会经历两次翻番的历程。而每一轮人均GDP翻番的过程，都会引导和倒逼所有的商业全方位、全链条发生剧变。无数过去的龙头企业会成为过去式，而无数的新兴企业，在新的一轮又一轮机会中，会成为时代宠儿。

所以，去哪里寻找蓝海？应该向着人均GDP在下一阶段可能引发的全新消费习惯中去寻找蓝海。你想知道在下一阶段会有什么行业兴起，又有什么行业衰落吗？看看与其对应的人均GDP指标吧。

因此，作为专业级企业家，我们需要具备跨时间、跨空间的视野，来发现商业的蓝海机会。墨守成规，只会掉进消费淘汰的红海陷阱。**只有不断沿着人均GDP、人口迁移和社会消费变迁的轨迹去寻找未来，才能发现机遇。**专业级企业家，一定要学会回答："下一阶段，行业的未来是什么？我们又将迎来哪些机遇和挑战？"

产业变迁中，始终不变的是进步与升级。在一轮轮的升级过程中，巨星可能陨落，新星冉冉升起，每一轮人均GDP的倍增，都会带来一次商业世界大变革。从这个角度来看，中国商业社会的竞争才刚刚开始，企业家又怎么会没有机会呢？如果依旧迷茫，那是因为你尚未掌握趋势和规律。未来的商业机遇无穷无尽，关键在于谁能抓住风口，将公司带入产业的升级赛道中。

在中国大升级的背景下，作为专业级企业家，我们还要更深刻地掌握区域轮动升级和行业轮动升级两个重要规律，在轮动中挖掘商业机遇，制定长期战略。

区域与区域的升级轮动

中国地大物博，一个中国就是一个微缩的世界。北上广深所代表的一线城市，以及快速升级的新一线城市，接近中等发达国家水平，人均GDP处在2万至3万美元。东部各省的地级市、部分百强县，基本处于发展中国家的高级阶段，人均GDP处于1万至2万美元。中部省份大量的地级市，人均GDP在8000至1万美元水平。西部各省地级市，人均GDP大概处于4000至8000美元水平。

2023 年 31 省市区人均 GDP 排名

排名	省份/直辖市/自治区	2023 年人均 GDP（元）	2022 年人均 GDP（元）	增量（元）	名义增长率
1	北京	200,278	189,988	10,290	5.42%
2	上海	190,321	180,536	9,785	5.42%
3	江苏	150,487	143,466	7,021	4.89%
4	福建	129,865	123,618	6,247	5.05%
5	浙江	125,043	119,022	6,021	5.06%

续表

排名	省份/直辖市/自治区	2023年人均GDP（元）	2022年人均GDP（元）	增量（元）	名义增长率
6	天津	122,752	117,925	4,827	4.09%
7	广东	106,985	102,217	4,768	4.66%
8	内蒙古	102,677	97,433	5,244	5.38%
9	湖北	95,538	90,358	5,180	5.73%
10	重庆	94,147	88,953	5,194	5.84%
11	山东	90,771	86,143	4,628	5.37%
12	陕西	85,448	83,030	2,418	2.91%
13	安徽	76,830	72,888	3,942	5.41%
14	湖南	75,938	71,917	4,021	5.59%
15	山西	73,984	73,506	478	0.65%
16	新疆	73,774	69,717	4,057	5.82%
17	海南	72,958	67,314	5,644	8.38%
18	宁夏	72,957	70,263	2,694	3.83%
19	辽宁	72,107	68,422	3,685	5.39%
20	四川	71,835	67,610	4,225	6.25%
21	江西	71,216	69,019	2,197	3.18%
22	西藏	65,642	58,908	6,734	11.43%
23	云南	64,107	60,868	3,239	5.32%
24	青海	63,903	60,946	2,957	4.85%
25	河南	60,073	58,942	1,131	1.92%
26	河北	59,332	56,481	2,851	5.05%
27	吉林	57,739	54,279	3,460	6.37%

排名	省份/直辖市/自治区	2023年人均GDP（元）	2022年人均GDP（元）	增量（元）	名义增长率
28	贵州	54,172	51,921	2,251	4.34%
29	广西	54,005	51,936	2,069	3.98%
30	黑龙江	51,563	50,873	690	1.36%
31	甘肃	47,867	44,646	3,221	7.21%

中国市场的战略纵深如此之深，企业家谈到要服务本地市场时，一定要分清楚，所服务的目标客户到底处于人均GDP什么水平的市场。说不清楚目标客户的消费力原型，你就找不到在中国市场扩张的规律。

同样，除了要了解当前服务的目标人群消费水平，更要清楚地看到，中国人均GDP正快速上升，7至8年后，你当前服务的目标客户群体有可能不再是原来的一群人，他们的消费能力、习惯、见识都会翻倍跃升。对于企业而言，要么你与你的服务对象同频升级，要么你向西转移，向下层市场转移，将原本东部的先进服务方式，向其他市场转移复制。

由高向低走是顺势而为。因为，经过3至5年的成熟化运作后，原本你在一线城市的服务经验，刚好赶上二线城市的需求升级趋势，以此类推，向全国扩张的节奏变得非常清晰。而由低向高走就困难很多。当前在低处迎合的需求，难以在高处找到共鸣点。一旦低处的需求升级，也会快速把你抛下。

所以，这就是在国内市场，领先者越来越容易领先，而落后者越来越难以追赶的原因。但这中间的时空差异，也创造了大量的商业机遇。在发达地区刚刚积累的经验，如果能合理地进行因地制宜的改造，在次发达地区快速推出，在发达地区龙头企业还未出海时，先行出海，个中机遇巨大。中国市场之大，各行各业，只要具备跨时间和跨空间的高维视野，都有"划江而治""立藩称王"的机会。

发达国家、发达省份及发达城市的成功商业模式，迟早会在后进地区中得到变相复制。**在商业时空中，人是可能两次踏进同一条河流的。**

行业与行业的升级轮动

商业在不同区域间，升级的速度有时间差，有不平衡的现象。同样，在行业属性上，不同行业也有先后的轮动现象。

在我的商业观察中，看到更多的是，与人高度相关的直接产品，反向推动了所有的上游环节，物流、商贸、加工，包括基础产业及技术的升级迭代。

以果饮市场为例。7年前，你是否想象过，一二线城市，动辄二三十元一杯的鲜榨果汁，会无处不在？喜茶、奈雪这样的品牌，会火爆都市？你是否想象过，类如NFC、每日C这些保质期短，每百毫升价格是汇源近3倍的果汁，会霸占所有连锁零售店的柜台？这就是产业升级的魅力，也是产业升级的残酷。7年前的消费者，为能喝到果汁买单，7年后的消费者，为能喝到新鲜、无防腐剂、无添加剂、口味更丰富的果汁买单。

但在产业中，这仅仅是个开始，一杯鲜榨果汁，一瓶保质期只有15天的超市果汁，带来的是产业的深刻变化。

一是零售。对这类果汁的销售去化过程，已经不能按照过去的半年甚至一年保质期产品的去化逻辑。零售企业必须拥有更强的客户预测与数据分析能力。

二是物流。物流就需要一周？那已经消耗了产品的一半生命周期。急速的本地物流大规模配送需求，催生了大量同城配送物流企业的新赛道。

三是制造。以月为生产排期明显无法跟上形势，如何进行柔性生产、数字化制造，是所有制造企业的升级出路。

四是种植。什么样的水果种植适用于喜茶、NFC？其中蕴含了大量的原材料及供应链机会。

所以，我们可以看到的一个升级趋势是：**产业链的升级往往是由终端需求向上反馈的，越临近终端消费者，感受速度越快，而越接近上游，升级反应会存在部分的滞后性与时间差。**作为专业级企业家，我们要学会观察和预测终端变化，绝不可因为自己处在产业链的中段或前端，就只等着下游发号施令。通常的情况是，你的下游可能掉队了，没有跟上这一轮的升级趋势，而你盲目跟随下游需求，忽视了终端的根本变化，导致自己也随之被淘汰，这样的例子，比比皆是。

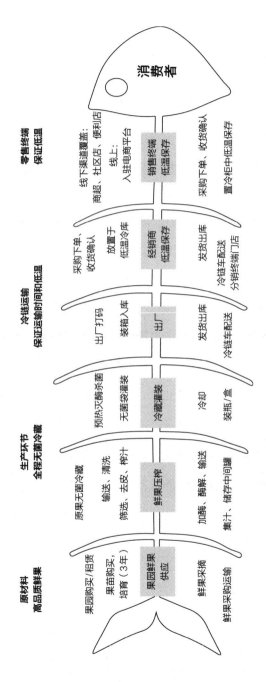

鲜榨果汁（60~90天保质期）产业链鱼骨图

空间思维：大海中扬帆远航，溪流内独占鳌头

所有的产业都在升级，你选择的产业是大是小，会直接决定你的生存空间。

在国家产业分级目录中，我们可以看到产业类型全貌：国家将经济分成三大产业、90多个二级行业以及上千个三级细分行业。选择产业、选择细分行业，对于创业者来说，不就是在选人生、选未来吗？不同的细分行业，挑战都不尽相同，一旦选定了，你将面临其行业的"命数"。空间思维，是我们在选择方向时必须要考虑的核心内容。

电影产业值不值得"抄底"

疫情中电影产业无疑是"重灾区",那么逆向思考,疫情终究会过去,对于电影产业来说当下是否恰恰是一个抄底的好时机呢?无论是电影院、制作、发行等环节,是否存在着大好机遇呢?

如果仅从行业现象看,2018年国内院线电影前三名的大片,终端票房均超过30亿元,可谓收益颇丰。一部电影的销售额达30亿元是什么概念?是许多中小企业累计10年的业绩总和,而这部火爆的电影只放映了1个月,就完成了这样的辉煌战绩。《战狼》等一个个小投入、大产出的投资神话,铺天盖地的新闻,让绝大多数局外人,对电影产业的全链条盈利能力,遐想联翩。

电影产业未来在中国还有巨大的升级空间,城市化率、影院数量、消费升级提高上座率、排片密度等,理由充分。

结论是,电影行业受到疫情的影响只是暂时的。从长期看,机会巨大,应该抄底。

如果你仅从表象对行业下结论,就极易掉入行业陷阱。判断一个行业是否值得进入,需要考虑的因素有许多,空间与集中度就是关键因素。

2018年,中国院线电影整体票房收入近800亿元,这是绝大多数热门影片的最终变现途径。那么800亿元的市场是什么概念,大还是小呢?中国2020年的GDP总量已经超过100万亿元,其中,幼儿园市场超过2700亿元、酒业市场将近8000亿、汽车市场超万亿元、房地产市场超10万亿元,相比之下,电影只是个中等偏小规模的行业。这样的静态空间是不大的。

但在这样的小空间中,有多少竞争者呢?行业集中度如何呢?从可统计的数字来看,2018年中国电影年产量为1082部,而前三部,就已经占据了10%以上的规模,而前10部超过了总规模的20%。我们看到的这些头部影视制作,只是少数的闪光者,那么,剩下的上千部怎么办呢?只能在所谓的网络大电影、下沉市场中博取微小的回报机会,当然,绝大多数石沉大海了。

这个时候你会发现，电影产业仿佛没有看起来那么美好。这是一个典型的"僧多粥少"的行业，行业头部占领绝大多数市场份额。但由于电影行业的影响力大、传播力广，天然容易吸引投资人的目光。许多创业者、投资者只看到"头部效应"，就头脑发热地冲了进来，而当大量资金、人才等拥挤在狭小的"池塘"后，可想而知，绝大多数投入将血本无归。

如果没有类如阿里、腾讯般庞大的生态资源，以及除商业以外的影响力等因素，我想，对于绝大多数的创业者而言，这个行业还是少碰为妙。

2015年，资本市场迎来牛市，影视文化板块受到资本热捧：仅华谊兄弟一家公司的市值就逼近1000亿元；将上市公司影视板块市值、未上市的知名影视公司估值加总，其头部公司总估值超5000亿元。小小的影视行业，如何撑起这么大的泡沫？破灭，只是时间问题。

阿里所属什么行业？为什么阿里能做那么大？许多人说，互联网；还有人说，金融服务，因为有支付宝；也有人说，物流，因为菜鸟。

我想，阿里能做大，离不开马云和他的伙伴们，离不开天时、地利、人和，但更重要的是，马云选择了将零售业作为其产业根基。只有零售产业才能造就巨头。百度搜索的根基广告行业、当当的图书行业，以及其他各个领域的线上改造，都无法与零售行业的体量与规模相媲美！

沃尔玛2019年的营收额超过5000亿美元，3.5万亿人民币，位列全球500强销售额第一。如果不是在事关人的方方面面的零售产业，如何能够支撑沃尔玛如此大的产值创造？零售、汽车、能源、金融、健康、地产才是全球的超大型企业的高产地。

这样的商业选择，无处不在。小到小区楼下底商，同样的面积，是开茶馆营收高，还是餐饮营收高，还是零售店营收高？你的选择，决定了你的结果。

从小行业到大行业，沿着核心能力的空间突破

"欢笑声不会停，想象力不会老，梦想永不停歇。"这是迪士尼创始人华特·迪士尼生前的一句名言，也很好地诠

释了迪士尼王国带给全世界忠实粉丝的感受。2018年还没过完，迪士尼电影总票房就已经突破70亿美元，全球票房前五的电影中有三部来自迪士尼。同时，迪士尼的衍生品销量也十分惊人，《冰雪奇缘》中主人公所穿的"公主裙"，在全美一年时间内卖出300万条，获得约4亿美元的收入。

那么，作为一家百年巨头公司，迪士尼长盛不衰的秘诀是什么？我们从迪士尼2018年营收具体构成寻找答案：2018年迪士尼594亿美元营收中，41.22%来自媒体网络部门，34.15%来自乐园及度假区部门，16.8%来自影视娱乐部门，剩下的7.83%来自消费品及互动娱乐部门。

迪士尼的"内容＋渠道＋衍生品"产业链条，恰恰是将内容作为发起原点，将传播渠道作为内容放大器，让衍生品进一步释放内容的价值。内容IP是迪士尼具有产生衍生品能力的基础，是其他一切营收的来源。

我们可以看到迪士尼如果仅仅固守在动画制作影视行业，绝不可能成长为世界500强巨头。在一轮又一轮的全球影视竞争中，它很可能自身难保，逐渐衰落。但迪士尼扩展了边界，将其商业想象力辐射到更大的市场，从中创造价值。我们看到一切拥有广泛影响力及雄厚实力的文化公司"永不凋零"。

请各位思考：一家从事视频制作的公司应该如何进行战略选择？

A. 进入影视行业，为电影制作公司服务。

B. 进入大传媒行业，为三网（互联网、移动互联网、有线电视网）提供服务。

C. 进入餐饮行业，为新兴餐饮企业提供服务。

D. 进入企业服务行业，为众多企业提供宣传视频制作服务。

影视制作	影视发行	休闲娱乐	消费品开发	互动媒体
影视制作技术 电影制作 动画制作 舞台剧	电影发行 电视频道 DVD发行	主题乐园 主题度假区 邮轮公司	文具产品 玩具产品 书籍产品 服装产品 其他产品	社交网站 网络游戏 App应用

迪士尼文娱全产业链布局

是不是只有大行业才有机会，才值得创业呢？答案显然是否定的。

大行业，确实容易做大体量，但也同样会面临着巨头、来自各方创新力量的激烈竞争。而许多细分行业，反而存在着独占鳌头及寡头收益的可能。

道恩股份是一家专业从事高性能热塑性弹性体、改性塑料、色母粒等产品研发、生产、销售与服务的高新技术企业，国内市场占有率45%，并在国内率先实现"动态全硫化热塑性弹性体"（也就是口罩熔喷布的关键原材料）产业化，在该细分领域打破了国际的长期垄断。

金达威是一家在股市中盛传出售"不老药"的企业，实则是一家研制生物医药产品及营养强化剂的公司。为什么其产品会被美誉为"长寿药"或"不老药"？因为该公司是国内领先的具有自主知识产权的微生物发酵工艺生产辅酶Q10的企业。该微生物酶具有抗衰老的作用。如今公司已成为全球最大辅酶Q10生产厂家之一，也是国内最大的辅酶Q10出口企业，市场占有率超过50%。

飞达控股是一家主要从事优质帽品设计、生产及分销的公司，是全国唯一的一家制帽上市公司。该公司主要面向欧美等海外市场。大家耳熟能详的品牌NEW ERA、时尚品牌KANGOL、国际足协品牌FIFA的帽品均出自该公司，全球市场占有率超过30%。可以说在制帽这个细分领域，该公司是绝对龙头。

抗战时期，四川商人古耕虞经营战争的必需品猪鬃。猪鬃作为炮筒刷和军舰刷的必备品，在战争中发挥了不可替代的作用。但制刷用的猪鬃对猪的品种和生长周期都有特殊要求，这样的猪鬃主要分布于云贵川的很多偏远农村的农户手中，因此猪鬃没有规模化效应，要想收集，只能到偏远山村逐户收集。古耕虞通过其出神入化的商业操作，实现了对散乱行业的"整合"。当战争来临时，因为猪鬃特殊的军用地位，需求量大幅增加，而古耕虞经过由散到集中的商业运作后，获得了在细分行业的垄断定价权及超额利润。

当然，比这个更有历史意义的是，古耕虞在抗战时期，积极为抗日前线和共产党敌后抗战提供资助。中华人民共和国成立后，古耕虞把三代经营积聚起来的全部家当捐献给国家。他历任全国人大常委会委员及全国人大财经委副主任等职，并担任中国畜产公司总经理。古耕虞的一生，不得不说是一个传奇。

这就是典型的在细分领域实现"垄断"，而获得定价权及超额利润的案例。一些基础行业，其体量很小，占下游的成本比重也很小，这样的小产业核心价值在什么地方，如何实现一个小产业的做大做强？答案就在这里。

不同的产业空间带来不同的企业机会，企业家需审时度势，选择最适宜的赛道，把握匹配的机会。

所以，行业的空间选择，皆有机会。重要的是，要么，在大行业里做大规模，即使行业集中度低，获得不了定价权，但"池塘"足够大，战略空间足够广阔，也容易把业务做大。要么，你有"金刚钻"，能够在小行业中独步武林，通过竞争实现小行业的话语权，获得定价权和壁垒，即"**在汪洋外扬帆远航，在溪流内独占鳌头**"。但那些既无法在细分行业中获得优势与定价权，又"闭关锁国"不愿意进入大市场中扩展空间的企业，奋斗一辈子，估计也摆脱不了小而弱的命运。

再次思考，电影产业值不值得"抄底"

通过观察现象与数字，寻找现象背后的事实与规律，用更高维度视角重新思考这个问题，是企业家的必修课。

影视产业的"狭小池塘"容量，决定了它还会经历漫长、持续的红海竞争过程，并且在此过程中风险大于收益。创业者要想成为行业玩家，需要两方面的条件：一要有大平台与大资源做靠山，有入场券；二要做好长期混战的准备，打持久战。如果没有阿里、腾讯这样的大平台背景，在这样的行业状态下进入，需慎之又慎！

影视产业僧多粥少的格局不会改变，在这样的格局中二八分化势必加速：影视制作资源、发行资源会更快、更多地向优质影视公司靠拢；只有少部分影视公司以及优秀的影视作品，能够收获现象级影响力及收益，行业内绝大多数其他参与者将被拒之门外，被甩出市场。

即使竞争激烈，影视行业仍存在持续增长的想象力空间：中国庞大的人口基数与尚未饱和的终端影院，造就市场空缺；近年来互联网影视产业等新商业模式，打开更多付费观看窗口；再者，中华民族崛起、文化复兴的伟大远景，助推中华文化持续向外输出，在世界范围内广泛传播。因此，影视作品全球化是必然事件。将以上因素结合起来，我们可以发现，影视行业在历经血海混战后，仍将拥有持续、稳定扩大的发展空间。一部分影视龙头企业在发展到一定规模体量、处于中国影视业金字塔尖的领先地位后，便具备了顺势而为、突破空间象限、一飞冲天突破行业边界的资质。中国会不会出现"东方迪士尼"，这是留给中国产业更大的期许与未来。

痛点思维：发现痛点，挖掘机会的来源

通过在产业升级大潮中定义产业的未来趋势和机遇，我们进一步发现，产业的升级与蜕变过程往往伴随着大量痛点的产生。

随着改革开放的深入与国民经济水平的发展，中国的国内生产总值也有了巨大提升。如果我们把人均GDP的变化绘成一幅曲线图，人均GDP1000元是A点，人均GDP20000元是B点，那么所谓A点到B点的差距就产生了升级的痛点。而反映在终端消费者的需求痛点，会引发诸多产业及产业链的连锁反应。痛点无处不在，机会也无处不在。如下页图所示，果汁行业A点到B点的差距就产生了升级痛点。

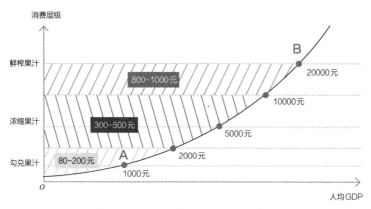

果汁行业A点到B点的差距产生升级痛点

喜茶的产业链与汇源的产业链之间，A点到B点的痛点分布

将一杯鲜榨果汁、一杯可口的果饮，迅速地送到消费者手中，这是消费者消费升级的必然需求。这样的产品供应，绝对不是一个喜茶、奈雪之类的公司能够实现的。任何的产业升级，都需要一个产业链的共同升级、贯通，才能最终实现。如果没有供应链的支持、没有产品的支持、没有物流的支持、没有果农的支持、没有制造厂商的技术迭代，则喜茶

的成功是不可能的。我们发现，以往汇源果汁的产品产业链和喜茶所对应的产品产业链，其背后体现的是一个深刻的产业升级需求。**每一段需求得到满足的过程，都是痛点打通的过程，每一个痛点被解决的过程，都是一个巨大商机和新市场被创造的过程。**

一位专业级企业家，会在升级产业的基础上，找到过去产业的A点和未来产业的B点之间形成的痛点，并将之作为自身的商业切入点。这就是企业创造的核心价值。一个企业能够找到这样的商业立足点，也就找到了自身的商业模式与未来空间。

大痛点孕育大企业。专业级企业家一定要保持与终端客户沟通的习惯，不可只局限于自身的"下游"，而应该走到终端，和终端客户去沟通，去"预测"消费升级下一步的趋势，并不断地推演这个趋势会对整个产业链带来何种影响，最终明确自己与未来之间的差距，找到自身升级的方向。这个能力至关重要。

现实中经常遇到的情况是，企业家习惯了自身的观察范畴，只局限于自己的小链条，即上下游的供需关系，而忽视了更长的产业链和更大的消费者变化趋势，最终，得到的产业变化方向只能是"降本增效"。由于忽视了终端升级可能带来的技术升级、模式升级、产品升级需求，企业最终被"低端"化，成为落后产能。当大潮来临时，失去升级迭代机会的企业，只能黯然退场。

在中国，最大的商机就是升级，最大的痛点就是人民日益提升的生活标准与现有的各行各业间的供给差异。中国的人均GDP在过去10年中翻了一番。从现在到2035年，这个趋势不会停下，如此大的升级过程，会创造多少新行业、新产品，会给现在行业带来多少升级迭代机会，又会催生多少新企业，我充满期待。而与之对应的，多少活在过去成功经验下的企业家，在升级浪潮中停在原点，最终无奈地被时代抛下。

滴滴，解决大痛点，创造大商机

滴滴打车与快的打车出现前，中国大城市的交通问题已经成为老百姓的痛点问题：国内只有不到20%的人拥有汽车，但几乎所有的大中城市都有交通系统拥挤不堪、高峰期时常瘫痪的问题。摇号政策只能限制洪流，但无法阻挡趋势；鼓励环保出行的理念，在当前的国民发展阶段很难普适；提高核心片区的停车费等各项费用，更会因小失大。

谁能解决这个问题，谁就将拥有巨大的商业价值。智慧城市、智慧交通、无人驾驶……一条条赛道万马奔腾。其中，在共享经济理念的驱动下，滴滴、快的等企业，瞅准了时机，一马当先！

2016年1月30日，滴滴北京工人体育馆年会上，创始人程维发表了一段演讲，我们可以从中看出滴滴这家公司如何沿着客户痛点不断迭代：

三年前，那个冬天跟今年的冬天一样寒冷。那个时候，如果我们要叫一辆出租车，我们只能去路边，在寒风、雾霾中等车开过来找你。我们说，未来有没有可能所有的人在屋里面可以叫好车，车到了再下楼。所以有了滴滴打车，所以有了快的打车。

一年前，我们用手机只能叫到出租车，不管我们怎么努力，在高峰期只有40%的用户能够叫到车。我们说，能不能提供更多的供应，能不能提供更多的服务，满足不同用户的需求，所以有了服务更好的专车，所以有了更加便宜、更加快捷的快车。

在半年前，我们意识到，最大的瓶颈是道路资源稀缺。有没有可能把所有同行人都拼在一起，所以有了顺风车，所以有了滴滴巴士，所以有了今天的快车拼车。

我经常在办公室里看着屋外面所有的车流，我想出行的梦想就是用互联网把所有的交通工具都连接到线上。用越来越强大的交通云，用越来越智能的调度引擎去调度一切、导航一切，去提升整个城市的出行效率、提升每个用户的出行体验。这就是我们为之奋斗的出行的梦想。我们在一点一点地打拼，在实现它。

痛点的大小与解决难度也是成正比的。如果你想解决诸如医疗资源稀缺、教育不平等、扶贫等国计民生的问题，启动的难度会非常大，面临整合和变革的压力及困难也会非常大，要做好充分的思想准备。今天我们的日常生活已经被滴滴改变，日后还可能有更大的变化，在我们羡慕滴滴的成就时，我们也要理性地看到其背后打破行业格局所付出的代价、面临的风险。

最早我们开始有这个想法的时候，我们想在中关村找一间房子开始创业。在第一天，我问身边最聪明的人，打车软件靠不靠谱。他们都告诉我，这条路走不下去，因为出租车司机没有智能手机，因为中国没有诚信环境，你叫到了车，车也不一定来，车来了，你也未必等它。当时，没有移动支付的习惯，我们最多只能做成一个信息平台，没有商业价值。这条路，有政策上的阻碍，挑战非常大，最聪明的人都告诉我不可能。但是，我们还是选择义无反顾地走下去。

只有那些相对比较"傻"的人选择了相信我们。确实，出租车司机没有智能手机，我们的团队就在北京、杭州、深圳等地的路边、火车站、机场，一个一个地去跟司机讲什么是智能手机，什么是流量，怎么使用一款软件……一点一点地破冰，完成我们的冷启动。

程维的此番演讲，让我们看到滴滴是如何沿着社会痛点不断升级业务产品，构建一个庞大的滴滴生态的。解决多大的痛点，就需要多大的代价。这只是滴滴曲折发展史的冰山一角。滴滴能够历尽坎坷、成长至今，除了滴滴自身的商业努力，更要感谢中国升级趋势的力量。

社会在不断地升级迭代，一位企业家能够创造何种社会价值、解决何种社会痛点，不可"一厢情愿"。企业家具不具备这样的能力解决这样的痛点，企业的团队、专业、资源、心力等各个方面，都是解决痛点的制约或加强因素。作为企业家，我认为要理性评估，既不可妄自菲薄，也不可妄自尊大。我认识的许多企业家，心很大，但是对比其自身的积累，解决他所看到的麻烦问题，着实有点难度。

比如，你能系统性地解决就医难、就医贵问题吗？你能系统性地解决地方贫富差距过大问题吗？你能系统性地解决教育资源分布不均问题吗？你能系统性地解决……

我们坚信，中国经济的发展，一定会有几方力量来解决这些问题，但是需要我们评估的是，我们是否具备这样的能力。更多企业的现实选择是，先选择一个小痛点，聚焦一切力量先解决它，当获得了市场立足点，获得了客户的青睐后，再沿着这条路线，不断升级并解决更多更大的痛点，逐步推动企业创造更大的社会价值。

伪痛点，逆向思维

对一位专业级企业家来讲，发现痛点、发现机会、创造价值的能力非常重要。而同等重要的能力是，如何在万千的痛点与机会中，识别和规避"伪痛点"，避免陷入错误的方向中，消耗大量的资源与时间，最终徒劳无功。

解决消费者痛点的模式，不止一条路径，但其中一定有最优或更优的路径。许多时候，我发现，创业者对解决客户痛点路径的选择是盲目的，以为发现了一条路，就笃定这条路能够成功，但通常的结果是，终点的果实早就被从其他解决路径来的人所获得。而出发时，由于创业者的盲目，无法站在全局、未来的角度去理性分析，导致了一开始就错误。

创业者的供给与客户的需求永远是一个动态平衡的过程。消费者不断地在升级他的需求，而创业者也不断地在力图寻找那个最好的平衡点。如果没赶上消费者需求的升级，慢了半拍，则产品跟不上需求；如果过早地去实现消费者未来的需求，早了半拍，则曲高和寡，产品无人问津。许多企业家，在这个问题上吃了大亏。

实际的商业世界中，因为伪需求所衍生的行业伪机会无处不在。无数企业在伪机遇赛道上逐梦狂奔，最终掉入深渊，不但消耗了大量社会财富，也牺牲了大量创业者，事后看来，一地鸡毛，实在可惜。但我们细想原因，其实在最初，伪需求行业早已露出狐狸尾巴。

上门洗车服务一度引发"千团大战"。之所以会产生上门洗车的服务，来源于创业者的以下两个假设。

假设一：洗车是汽车后服务市场的一个高频消费行为，上亿辆私家车的洗车市场空间巨大，但消费者面临洗车难的困扰，在上下班时间、周末时间、高峰拥堵时间，消费者需要长时间排队，痛点突出。现代社会，谁能帮助消费者节约时间，谁就能创造巨大商机。

假设二：移动互联网技术的普及化使上门洗车在技术上没有问题，而线上下单、线下交付的"O2O"模式，早已是大众所熟悉的消费习惯，一系列的上门服务是当下商业进步的热点。因此，消费者和技术都不是问题。

　　首先需要肯定的是，创业者对于消费者的需求及痛点的观察，对于客观技术和消费者习惯的把控，都是准确的。在同等价格甚至略高价格的条件下，消费者当然更希望实现更便捷的洗车方式，节约时间，这是刚需。但问题的关键是，上门洗车真的是满足消费者洗车需求的正确打开方式吗？

　　让我们对比一下门店洗车和上门洗车两种经济模型：

门店洗车与上门洗车对比表

	门店洗车	上门洗车
所需时间	快速洗车在 10 分钟以内完成； 普通洗车为 15～20 分钟； 精洗在 30～40 分钟	60 分钟（上门时间 30 分钟＋服务时间 30 分钟）
所需人力	平均 2 人	1～2 人
成本	5 元 / 次	15 元 / 次
价格	平均 30 元 / 次	30～40 元 / 次
洗车数量	平均 25 辆 / 天 / 人	平均 10 辆 / 天 / 人
每人单日产出	375 元	100～300 元

从上表中我们不难看出，两种模式的商业效率有明显差别：相比传统的门店洗车模式，上门洗车需要以增加数倍的成本为代价来实现服务，这还是基于供给与需求大规模匹配的前提下，倘若是在消费习惯培育初期，其消耗的成本甚至会达到十倍，甚至数十倍。在这种情况下，消费者想要维持商业形态，势必要支付相应增加的成本，而对比当前的社会消费能力，上门洗车靠常规服务要实现稳定利润，基本成本每次需要在百元左右。在当前的社会支付能力条件之下，这显然是十分困难的。

2013年前后，我接触了不少上门洗车企业。我问道："如果上门洗车维持与门店洗车相同价格，无异于做公益慈善，甚至为了培养消费习惯要大额补贴，你们是如何解决投入产出不匹配问题的？"他们的答案五花八门，让人啼笑皆非。几乎所有的企业家都顾左右而言他，无法正视这个问题。聊到逻辑的死角时，反而问我："难道这么多创业者都选择错误了吗？路都是这么走出来的，走的人多了，路自然就出来了。"对企业家来说，这种想法真的非常可怕。

其实，这些上门洗车赛道的创业者，之所以对上门洗车行业存有期待和想象空间，无非基于以下几个理由。

理由一：上门洗车不盈利，但一旦培养好客户的消费习惯，建立了客户的黏性，未来可以通过类似于车险、保养、维修等服务盈利，上门洗车就是入口战略。

理由二：这个行业处于风口，想象空间大，创业者纷纷加入，参与的人越多，市场越容易改变原有的模式，所以一定没有问题。

理由三：随着时间的推移，移动成本会低于门店成本，上门洗车虽然效率低、人力成本高，但不用支付门店租金，因此这种模式在未来会被推崇。

但以上这些其实都是创业者自欺欺人的想法。

商业社会进步的最基础的规律，是"先进效率代替落后效率"。上门洗车到底是先进效率还是落后效率，不能以"上门"来评估，就如同个性化的当然是好的，但个性化的运作一定是进步的吗？我没有看到太多个性化交付的企业能够做大。

上门洗车业务看似提供了便利，但其代价是巨大的。在人力成本越来越贵的趋势下，靠人力上门服务，将会消耗巨大的劳动力成本和实施成本。这是效率的下降而不是效率的上升。这种成本无论是短期还是中长期的，最终都会导致"劳民伤财"。有些企业家甚至指望"羊毛出在狗身上，猪来买单"，即通过汽车保险等产品来实现变现，这更是错上加错，因为他们不仅低估了"猪"的智商，也高估了"狗"的寿命。有多少客户，会在一个洗车平台上下保险订单而非选择几大保险机构？问问自己，答案就已经很清楚了。因此，上门洗车业务，从最初的千军万马来创业，到如今一地鸡毛、无人问津，不得不说是背离商业社会进步基本规律的悲哀与浪费。

可以肯定的是，上门洗车这个产品，一定不属于"先进效率"。那么，这是不是代表消费者的洗车痛点就无法得以改善呢？答案显然是否定的。这几年我们观察到，自动化洗车房、自助洗车连锁、停车场模式等领域的运营效率更胜一筹，其中也正不断有优秀赛手出圈。他们要么节约了消费者的时间，降低了时间成本，要么用更低的代价满足了相对标准的常规需求，要么在车最多、停留时间最长的地方建立了洗车点。这些都是若干先进效率的实现模式。

从上门洗车赛道企业集体陨落这一现象可以看出，"伪痛点"行业往往会带来巨大的危害，同时具有很强的欺骗性。在我看来，现在商业社会中有很多细分热门行业，在脱去科技与模式创新的外衣之后，许多都是在满足伪需求。赛道内参与创业的选手和投资人如果执着于光鲜的外表，若干年后，大概率都会血本无归。

在我服务过的诸多企业中，也不乏诸多误入"伪痛点"行业的案例。但幸好，这些企业家尊重专业的力量、尊重理性的商业分析，最终悬崖勒马，及时更正了发展方向与战略模式。

针对"伪痛点"行业，我们总结了最重要的三大特征规律，提供给各位，作为专业级企业家必备思维修炼的参考。

一是大幅增加实施成本换取有限进步，劳民伤财。

二是用巨大代价替代已有的成熟模式或重复建设。

三是小企业过度超前地设计产品，导致自己无法支撑到未来盈利的那一天。

周期思维：把控周期，企业的增长靠行业周期

什么是周期？专业级企业家为什么必须要有周期思维？已故经济分析学者周金涛曾经发表过一篇经典的论述《人生发财靠康波——康波与大宗商品投资》，其中的康波指的就是1926年苏联经济学家康德拉季耶夫提出的周期理论，其核心就是：从宏观上来看，经济的冷暖具有周期性，对于个人来说，他出生在康波的哪个时点，就注定了他这一生的经济轨迹。因此从某种意义上来看，人生的财富由康波决定，因为康波的本质表现是价格波动，而人生的财富积累根本还是来源于资产价格的投资或投机。人生发财必然靠康波，康波

就是人生的财富规划。当一个资本市场处于经济体的上升周期中，各个领域都会获得较为可观的投资回报，因此投资者要出手。而在下降周期中，各个领域里的投资回报都会不断萎缩，因此投资者要收手。这点对于股市的股民来说，再深刻不过了，在一轮又一轮的牛熊周期中，有多少股神就有多少韭菜，都是周期使然。

我们都生活在经济大周期中。我们持有的房产之所以能够持续升值，是因为过去一二十年乃至现在，都处于中国的大类资产上升周期中，大量的农村人口涌向城市，大量的小城市人口向大城市集中。这个历史大潮已经决定了许多人财富的上升与下降趋势。许多人的成功不光光是因为努力，而是因为处在正确的周期与正确的位置上。如同大量深圳城中村的改造，带来了成千上万的亿万富翁一样，从这个角度来看，衰退周期中就很难诞生另一个"巴菲特"。

大的宏观经济如此，各行各业也有其自身的周期规律。如果能够把握行业的周期脉搏，做好各个周期应该做的经营战略，企业就能明确当前处于行业发展的何种阶段、在这一阶段会发生什么、下一阶段又会面临怎样的机遇与挑战。面对这些现状与规律，我们应当如何作为？踏对周期节奏，是不是能获得更高的成功可能性呢？这与股市、房市的周期逻辑都是相通的。

教科书中经典的行业生命周期理论将行业周期分为四个阶段——幼稚期、成长期、成熟期、衰退期。这个周期理论被广泛应用于经济学、管理学中，也影响了诸多企业家的经营决策。然而，从我的商业观察与实践经历来看，这个行业经典周期理论对于规律的归纳并不完整，甚至在一定程度上会误导企业家，进而导致企业家错误地理解行业发展的规律和所处阶段，做出错误的判断。

在行业发展的七段周期中发现机会

在诸多的企业战略制定中，一亿中流将行业周期总结为七段，并提出"行业周期七段论"。我认为，"行业周期七段论"更能有效概括单个行业的全周期规律，更能精准地指导企业家判断周期阶段，做出合理的应对周期的策略。

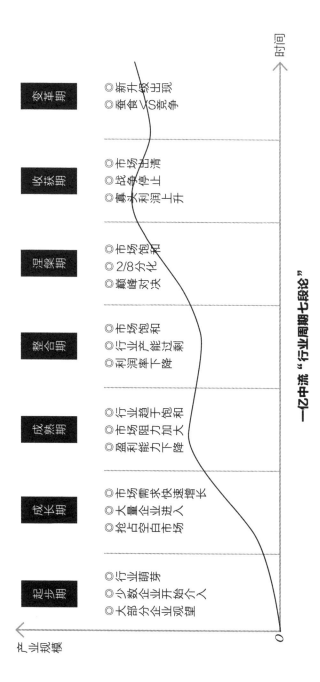

—— "行业周期七段论"中流图

起步期

周期特征：行业处于萌芽期，少数企业先知先觉地进入行业，探索产品及服务模式；少部分客户成为"第一批吃螃蟹的人"，但大部分客户与参与者持观望态度。这个阶段的企业家，最容易犯以下几个典型错误。

错误一：看到没有竞争对手，快速扩张。失去消费者支撑的扩张，只会加速失血。

错误二：看到没有客户，大规模做品牌宣传并教育消费者。消费者不是被教育的，而是被满足的，超过消费者适配阶段的产品，再教育也徒劳，而能满足消费者需求的产品，不教育也会使用。

错误三：招兵买马大量融资。这个阶段，小而美地打磨样板更为重要。首先要考虑未来规模化复制的模型是什么，如何实现最优效率比。一开始用不成熟的模式大规模融资，只会给后续的发展和再融资留下隐患。

成长期

周期特征：经过一定时间（可能很长也可能很短）的沉淀，客户的需求与这个行业的供给逐步到了适配点，这个行业真正的引爆点开始出现。此时，企业规模化地为客户提供产品，行业的模式也慢慢走向成熟，越来越多的客户接受产品与服务，越来越多的企业也沿着成熟的模式进入市场，这个市场开始真正进入供需两旺的周期，即行业的成长期。在成长期里，所有客户的需求都是空白需求，需求增加的速度会略快于供给的速度，因此，所有企业不会撞车，到处都是空白市场。这是这个行业的第一个"黄金期"。这个阶段的企业家，最容易犯以下几个典型错误。

错误一：行业太好，客户太多，供给有限，要挑客户。这是典型的小生意人做法，行业环境一好，光顾着赚眼下钱，而忽视了在行业快速成长期中，跑马圈地占据空白市场。因为只有占据空白市场才是重中之重。放弃客户，就是培养更多的竞争对手，就是放弃成长。

错误二：拒绝合作，拒绝开放，自己不缺钱，也不缺合作伙伴。"顺时多屯粮",这是一位专业级企业家的基本素养。一个企业,只有在快速发展阶段,才容易获得诸多的合作力量、资本、战略资源的介入。这个时候如果"闭关锁国",一旦增长停滞,再想"屯粮"就求而不得了。

错误三:拒绝扩张,质疑行业过于火热、过于浮躁,聚焦将产品从80分打磨成90分。这种思路,往往发生在起步期没做好准备的企业身上。行业在快速增长期,产品是80分还是90分,并不重要,而是否能获得更大的市场份额,才决定了未来你有没有能力持续地将产品升级。

成熟期

周期特征:无论是客户人数的基数还是客户购买的频次与金额,客户的理论消费数量都接近峰值。在这个阶段,行业的市场规模不再高速成长,饱和与成熟期基本到来。但如同农民种地一样,供需间的平衡是一种群氓行为,无法精准控制,通常的情况是,整个行业产能的扩张速度会很快超过需求总量,这时,临界点会慢慢发生偏离。

这个阶段的企业家,最容易犯以下几个典型错误。

错误一：继续扩张，抢占市场份额。这个阶段，扩张的效率比正在快速下降。从长远角度来看，不扩张比扩张更有利，甚至应该斩掉快速扩张期带来的一些无效阵地。

错误二：战略无为，采取观望态度面对市场发展。这个阶段，企业家需要快速从跑马圈地的扩张思维转变为"深挖洞，广积粮"的防守思维。能否在下一阶段的激烈竞争中取胜，很大程度上决定了这个阶段企业家是否能够快速提高企业壁垒，提高对客户的服务能力。这是一段战略换挡期，至关重要。

整合期

周期特征：行业需求总量趋于平稳，但供给量明显富余。市场开始进入到僧多粥少的阶段。这时，任何企业想要扩大地盘，只能花费数倍的努力从别人碗里把客户和市场抢走。一时间，攻防战成为行业的主流行为，所有市场的参与者，都虎视眈眈地盯着别人的客户，也都小心翼翼地守着自己的客户。至此，行业漫长的整合期开始到来。这场战争旷日持久，一开始，往往以最粗暴的价格战开始点燃。很快，价格战杀不动了，会启动现金流保卫战，即先干活，再拿钱。接着，开始拼产品和服务，通过不断升级产品与服务参与竞争，成本随之上升。最后，是全面血腥的战役，以消灭对手为目标，以牺牲利润、牺牲现金流来换取市场份额不下降。

成千上万家企业，只有决出胜负，才能获得最终的行业和平。许多企业家难以适应，陷入到焦虑与煎熬中。这个阶段的企业家，最容易犯以下几个典型错误。

错误一：被动等待，等待行业回暖的时机。许多企业家无法接受行业基本面发生变化的现状，以为这是所谓的年景或阶段性问题，而忽视行业周期演进的本质规律。在这种情况下，抱着"以不变应万变"的心态好比在战争中当逃兵。

错误二：单打独斗，以一己之力对抗行业。行业整合期中最大的机遇就是"整合"，要么整合别人，要么被整合。只有合并同类项，实现规模效益，才能在整合期中向前走。而许多企业家，心态和行动都是被动的，既不积极寻找整合机会，也不主动寻找加入更强战队的被整合机会。这样的企业除非有极强壁垒，否则会被逐渐边缘化，最终成为整合期的淘汰者。

错误三：死扛到底或半途而废。这是两种看似截然不同但本质相同的行为。一些企业家抱着对行业所谓的感情，明明没有核心能力，但抱着侥幸心理指望活到最后。抱着死扛到底的心态，企业家只会越做越煎熬，既浪费了机会也空耗了时间。还有一批企业家，其实企业明明具备核心竞争力，但稍微遇到点市场波动就止步不前、半途而废。

涅槃期

周期特征：整合期进入到后半场，越来越多的企业出局，市场开始出现"出清"的曙光。一些企业因为市场被不断抢占，关门走人；一些企业因为被整合，合并到一个龙头企业共同发展，做大做强；一些企业转型、换行，原有业务逐渐衰落；一些企业因为企业家"年龄"到了，后继无人，一蹶不振。无论是何种原因，最终都是优胜劣汰的结果，市场慢慢集中在少数企业手中，80%的市场由20%的企业所获得。这些企业规模越来越大，市场地位和影响力越来越高。

最终，整合行业的效率提升，整合行业的门槛提高，市场进入了涅槃期，价格战开始消失，厂商进入合理化盈利的区间。凤凰涅槃，形容这个周期再合适不过。

这个阶段的企业竞争，实际上已经是"剩者为王"了。最可惜的一批企业家，是在整合期的末端和涅槃期的前夜退出的企业家，他们倒在了黎明前的黑暗中。2015年，国家环保部门的介入，推动了漫长的钢铁行业整合期进入到涅槃期的区间。这成了压倒地方落后产能的最后一根稻草。可惜的是，许多大中型钢铁企业，在这个时间点前后，拱手让人或破产清算。2015年后，钢铁行业整合正式结束，余下的大型钢铁企业各据一方。随着大幅降本增效带来的效益的逐步释放，市场恶性竞争停止，行业利润率快速上扬，钢铁行业开始进入最甜蜜的时期。

收获期

周期特征："剩"者成了"胜"者。行业进入了一个稳定的长治久安阶段。中国的钢铁行业、水泥行业、大化工、大安防等行业，经过长时间的整合期、涅槃期后，先后进入稳态发展的收获期。稳定的市场格局、稳定的客户、稳定的上下游关系，让这些头部企业获得了与成长期相同的利润水平，但经过一轮轮的优胜劣汰，这些企业的规模又是之前的数十倍甚至上百倍。

可以想象，这些企业轻松地将过去整合期、涅槃期所产生的大量"亏损"悉数收回，企业终于迎来其最美妙的发展状态——大规模盈利。这是对穿越周期企业最大的犒赏，是对行业的专业级企业家最大的回报。某种意义上，它们是最后的行业王者，是这一场"南极争夺战"的最终赢家。

我们纵观诸多世界500强，LVMH集团、沃尔玛百货、福特汽车、三星集团、京瓷、辉瑞、IBM等各个行业的超大型企业，实际上都是在一轮轮厮杀中最终的涅槃者和收获者。许多大企业，至今已囤积了数十年的收益，远不是我们现在看到的营收与实力，富可敌国，令人惊叹！

变革期

周期特征：在行业进入稳定的收获期时，一股新的力量开始酝酿。新的技术创新与商业模式创新开始发育，本质上是随着社会的进步，终端客户提出了更高的需求——更快、更便捷、更舒适……驱动了一个产业新的变革动力。

一个新的行业诞生，意味着新的机会开始酝酿。我们经常听到的上一时代和下一时代，就是指时代进步所带来的机遇与风险。如果在收获期，王者不能与时俱进，那么新兴力量就会崛起，早期看不是威胁，毕竟升级需求是从起步期开始的，但是一旦进入成长期，巨头的地位会快速被撼动，因为下一时代的行业周期与上一时代的行业周期是对立的，大企业也可能兵败如山倒。

我们今天看到，大企业越来越专业，进入收获期后，不是简单的稳赚躺赢，稳坐钓鱼台，而是更紧迫于发现、寻找、整合下一个周期。这些过来人，非常清楚下一个周期的规律、打法，因此，有人选择参与早期的起步期，成为自我变革的一分子（如汽车领域的宝马、奔驰，持续的技术进步由内部推动）。也有些企业，不断寻找下一个成长周期的佼佼者，用雄厚的资本、庞大的产业资源、专业的运作方式，控股或合并这些明日之星，推动它们成为未来的寡头，进入新的收获期。互联网领域的阿里、腾讯，在全球范围内扶持出数十家独角兽企业，不得不让人惊叹其系统的庞大生态效应。

周期就是命数

许多时候，困扰企业家的问题，诸如行业盈利能力下降、客户流失、恶性竞争、人才流失、资本不流入等，未必是企业自身的问题，而是行业周期所产生的必然问题。所以，我们应该建立以下三个意识：

一是建立周期的全局意识。 进入一个行业，就要接受这个行业的"命数"。从起步期开始，做好各个阶段充足的准备，胜不骄，败不馁，跟着周期调整自身的攻守准备。专业级企业家，总能在对的时间做对的事情，更能在下一周期到来前的半步提早做好充足准备。半步快，步步快，越打越顺，这就是专业级企业家越做越大的基础。

二是建立弯道超车的意识。 一定要最早进入行业才能保持优势吗？绝对不是！在任何的周期，都有弯道超车的机会。关键是找对正确的周期特性与进入策略。策略对了，哪怕"半路出家"，也可能成为"得道高僧"。

三是建立持久战的意识。创业打的是一场持久战，是一场"南极争夺战"。从起步期到整合期，一步步的努力，可能都是为涅槃期和收获期的胜利做的前期准备。做好了这样的思想准备，才能有"长期主义"，才能有"延迟满足"，否则，你无法看到全局全貌，是很难长期坚持的。

知天命的人，才能顺势而为。不知周期，无异于蒙眼狂奔，最终会陷入到思维的困局中，在一轮轮的周期竞争中黯然出局。

聚势思维：聚拢势能，才能
事半功倍

一位企业家能用升级产业思维发现和布局下一个巨大市场，能用空间思维选择合适的"池塘"，能用痛点思维发掘真正有助于行业升级的切入点，能用周期思维识别进入时点以及未来的布局节奏，此时，一场新的商业战役，还缺乏一个重要的落地因素——聚势。

什么是聚势能力？聚势能力就是聚合各方力量，共同完成商业战役的能力。我们常说，"得道者多助"，在商业里，什么样的人能够"得道"呢？我认为，就是找准了趋势、市场、痛点、切入点的人。这样的人，才具备聚势的能力，才是"得道者"。人才选的是什么？资本投的是什么？政府扶持的是什么？是一个个方向。方向对了，人才能对，事才能对；方向不对，人对事对，也都是逆势而为。

正如我开篇引用的孟子语录"虽有智慧，不如乘势；虽有镃基，不如待时"，在谈到过去10多年的创业史时，雷军进行过一段深刻的自我反思："为什么有人付出100%的努力只能换回20%的增长？反之，有人付出20%的努力，却能获得100%的回报？"回顾金山的发展历程时，雷军坦言：

"这些年就像是在盐碱地里种草。金山在20世纪90年代还很火，1999年互联网大潮起来的时候，我们在忙着做WPS，忙着对抗微软，无暇顾及。到2003年时，我们再环顾四周，发现我们已经远远落后了。"从这段话可以看出，软件行业整体已经在走下坡路的时候，金山却还在全力做软件，因此错过了互联网发展的黄金期。

"做到极致了，每天要忙'72小时'都没做好，直到我40岁才明白这个道理，一个人要成功，光靠勤奋和聪明是远远不够的，把握时机才能成就大企业。"这个道理是雷军用惨痛的教训换来的。自此以后，"要顺势而为，不要逆势而动"成为雷军最重要的做事理念。此外，雷军还认为：

"创业首先要做最肥的市场，选择自己能做的最大的市场。大市场能造就大企业，小池子养不了大鱼，方向如有偏差，即会浪费宝贵的创业资源。"再到后来，雷军在广为人知的小米之外，布局了更庞大、更具生态的顺为资本。

所以，企业家要明白势能的重要性。势能足了，难的事情也会变得容易；势能不足，容易的事情做起来也会非常困难。靠一己之力独打天下的时代已经一去不复返了，越往后走，商业需要越大的势能来烘托和推动。**调动势能的能力，是专业级企业家的必需能力。**

那么，专业级企业家需要借助哪些方面的势能呢？我认为有四种关键势能，是企业家必须聚拢的。

人才势能

能打动多少顶级团队、能获得多少外部支持，就是企业发展潜力最好的印证。"谋事在人，成事在天。"事情是人做出来的，人对了，事就对了。因此，优秀的人才是打造专业级团队的基石。许多企业家都在抱怨无法招到优秀人才、顶级人才。他们求贤若渴，开的薪酬也不低，但还是无法吸引到自己真正欣赏的人才。

事实上，人才如同金融机构。他如果只是希望来你这赚一份工资，那么他就抱着借债思维。你开的工资"利息"足够高，就有可能吸引到这类人才。他如果把公司看成一条赛道，看这个方向能不能做大，能不能和掌门人一起做一份更大的事业，通过这场战役实现他的华丽升级，那么他就抱着投资思维，不仅看当下，也看未来，看企业有没有足够大的空间，看这个掌门人有没有把未来想得足够清楚。

那么作为企业家，你到底希望吸引什么样的人才呢？是借债者还是投资人？我想，绝大多数企业家，都希望得到一批愿意与企业一起同行的长期投资人。

既然企业家与高级人才是投资者与被投资者的关系，那么，企业家就要明白，投资人首先看的就是企业的赛道、方向、模式、切入点等，这就是企业的势。为此，企业家与人才的对话，绝对不是对人才的简单面试，谈论人才的期待如何、生活安排如何、背景经历如何……在和真正的好人才见面之前，这些基础工作和背景信息，企业家都应该了然于胸了。与人才的见面，应该是企业家释放影响力，通过一系列的展示行为打动他，让他认同企业的方向、判断，产生和你一起创业的想法的过程。很多时候，企业家本末倒置了。

小米在创立初期，规模小，甚至连产品都没有。所以在最开始的半年，雷军将80%的时间都用在找人上。他说：

"当时我列了一张名单，一个一个地打电话，我给人打电话介绍我是谁，我想干什么事情，你能不能给我15分钟时间在电话里聊一聊。如果在电话里你觉得不靠谱，我们能不能一起喝杯咖啡、吃个饭。当时我每天有12小时都在招人。回顾我当时招的一个人，在两个月的时间里，我跟他谈了17次，平均每次10小时，花了非常多的时间沟通。所以不少创业者跟我请教的时候，我会问：你花了多大精力、多少时间，你不要跟我谈三顾茅庐，我问你能不能三十顾茅庐？只要诚意到了，这个事情一定搞得定。"

同行势能

有多少行业伙伴，就是机遇大小最好的印证。一个行业，所有人都在期待不断走向未来，获得新希望。但商业的觉悟总有前后，一些人先看到了未来，一些人后看到了未来。一位擅长聚拢势能的企业家，可以调动同行、化敌为友。这是非常重要的聚势能力。

同行既是对手也是朋友，这取决于你们建立的关系。同行比人才，尤其是行业外人才，更懂行业，更有资源，更有战斗力，有更深的"地头力"。这些同行企业家，有独立运作能力、自主盈亏能力，是天然绝佳的合伙人群体。但是绝大多数企业难以永立潮头，同行也在不断寻找新趋势、新方向，一旦有新的方向出现，他们很可能成为你最早的合作伙伴。

大家都在期盼拥有广阔的蓝海市场，一旦有人发现新大陆，他也必然不会缺少同行伙伴。因此，企业家如果能在把控核心技术与产品的基础上，将这些蕴含未来价值的项目推向市场，自然能得到许多潜在合作伙伴的青睐。如果这时，企业家能够开诚布公、广泛建立合作关系，那聚集起来的庞大群体势能自然也会推着企业快速前行。反之，方向不明、产品不行、模式不通的企业，自然无法吸引到合作伙伴、人才以及各方面资源。商业是理性的，同行的眼睛更是雪亮的，经过同行认可的产品，才能印证其市场的领先性。

当然，许多企业家会纠结，同行如果偷学了，岂不是培养了竞争对手，鸡飞蛋打？实际上，这完全可以通过商业结构的设计来规避。对于技术创新型企业而言，可以寻找一些同行业的市场型合伙人加入，成立合资公司或联创关系；对于模式创新型企业，可以寻找资源禀赋、企业位势不强，但是生命力极强的合作伙伴进行联合，通过专业科学的机制设计，完成由一艘军舰向一支舰队的转变。

资本势能

正所谓："金钱永不眠。"资本机构作为商业世界组成的关键一分子，其天然的身份决定了其永远对机会处于"冷血""饥渴"状态。投资机构要对他们的钱负责，他们没有办法天天盯着你创业，所以更需要对企业创业的各个"宏观指标"严格拷问。许多企业家不喜欢面对投资人，主要还是因为没有底气面对投资人，不喜欢投资人对自己"百般刁难"。

但恰恰是这些"百般刁难"，对企业家出发时帮助巨大。一个模式、一项技术在开始落地时，许多都处于构想状态，既然是构想状态，就一定会有思维盲区。比如，企业家更关注长期成功，忽视短期盈利；企业家更关注客户诉求，而忽视模式效率；企业家更关注积极要素，而忽视许多黑天鹅指标。企业家思考团队如何聚起来，而投资人思考如果团队散了怎么办。为什么投资人总是考虑负面结果？因为他们见过太多的失败与是非。

因此，投资人的"刁难"恰恰是企业家构建更完整商业模式和更清晰企业发展思路的最好老师。经过了千锤百炼，最后终于获得了几位投资人的认可，这样的企业家，便多了几位带资入股的战略合伙人。这些人经过理性的研判后进入，很大程度上弥补了企业家的感性成分。在对外吸引更强力量时，他们会成为你的战友，会汇聚更大的力量，会带来更大的资本助力。

政府势能

许多企业家对政府敬而远之，其实大可不必。政府的行政管理水平在不断进步。促进地方经济的发展，本身就是各级政府的岗位职责。只不过，许多企业家会说，对接无门。但就我这几年的切身体会而言，绝大多数地方的政府领导，对一个企业的建立与发展，都抱有积极开放的态度。做什么行业、有什么想法、有没有希望，企业家在思考，政府也在思考。政府是所有企业的合伙人，企业的发展与地方政府息息相关。各个地方政府都有自身的经济发展战略，产业特色、发展模式、扶持模式不尽相同，细化到每个县，每个区，都有自身的定位。

所以，对于企业家而言，必须要研究和思考这样几个问题：你的产业适合在哪个地方发展？能够契合哪个地方政府的发展理念？能够获得地方政府的何种扶持？我建议企业家们好好研究一下政府的招商政策，里面藏着"黄金屋"。地方政府虽然不直接参与经济行为，但它通过土地、政策等一系列行为，影响着所有企业的基础。

比如，一些技术非常领先的企业，在起步初期，缺乏资金，需要投资建厂买设备，这就是技术投产的第一个门槛，如果能获得地方政府的优惠，那么土地、建厂资金可能就会得到不同程度的支持。再比如，企业是服务平台模式，进出流量巨大，如果有巨大的税收成本，就极大地影响了平台的可持续发展能力，如果能获得地方政府的扶持，则可获得差异化竞争优势。再者，如果这家企业资金充沛、技术优越、模式先进，但是缺乏样板市场，那么政府也很可能作为企业的天使用户，支持企业先行先试。其实，各个地方政府都在经济方面做着大量的努力，推动经济方方面面的有效改变，其投入是巨大的。但关键是，你能否打动地方政府，学会与地方政府对话，在优胜劣汰中成为政府扶持的种子选手。

所谓专业级企业家的借势之道，就是将万千力量汇聚于一身，借助行业趋势壮大自身力量。在商业马拉松中，谁能汇集更多、更大蓄势待发的力量，谁的胜算就更大，谁就能致远，最终在一轮又一轮的市场周期中不断脱颖而出。

许多时候，战争还未开始，胜负的天平已经开始倾斜。因此，专业级企业家务必要学会借势、学会顺势，这是成为专业级企业家的商业必修课。

03

第三篇

以终为始，用战略思维提高商业效率

结构效率大于运营效率

解锁指数级增长的秘密代码

什么是以终为始，什么是战略思维

　　如果把产业观比喻成人体的大脑，负责长周期、大方向的制定，那么，战略思维就是企业家的右拳，大方向确定后，第一拳便由战略思维来实现。思考用什么样的方式方法、走什么样的路径能够达到目标，至关重要。

　　很多时候，我把产业与战略这两者的关系比作"登高望远"。如果一位企业家只站在二楼看远方的路，前方的阻碍物和干扰物就会影响他的视野，他便很难看清楚前方的路径。如果他站在二十楼看路，他就会发现，有许多路径能够到达终点，也能看得清哪一条路径最便捷、最经济。

有些人眼前没有路，而有些人眼前路很多，却又无从选择，不断切换路径却离终点渐行渐远，这些都是战略思维缺乏的表现。缺少了战略路径设计，盲目向前只会徒劳无功，甚至加速死亡。在过去的中国商业大潮中，很多企业很大程度上是一种跟随式、涌现式的随波逐流。因为竞争不充分，产品供不应求，企业在经营上只要跟着走，大方向不会错。跟着国家走，跟着同行走，别人做什么我做什么，只要勇敢、踏实向前，事业不会做得太差。但在新的商业环境中，商业运转的效率越来越高，迭代越来越快，市场从卖方市场变成了买方市场，竞争越来越激烈。在这种背景下，我们很难想象一位没有主见、没有自我战略的企业家，能够在随波逐流中获得成功。多半情况下，这样的企业会陷入处处被动挨打的境地，成为"迷途的羔羊"，变成"狼群"猎杀的首要目标。

战略思维，是当今企业家必备的顶级思维。如何在商战中提高自己的战略思维能力？我提出"企业家的五大战略思维"，作为帮助企业家规划和运作战略的底层逻辑，与各位分享。

一是以终为始。 制定长周期战略与短周期战略的组合，明确企业战略的第一目标。没有第一目标的战略都是伪战略。

二是重构边界。 不断拓展企业的生存边界，寻找更多商业可能性，做T字形战略家，如果原地不动终会付出代价。

三是动态战略。 战略是一种选择。企业家必须根据内外部的变化，不断动态调整升级战略，切忌一条路走到黑。

四是塑造壁垒。 优势是创造出来的，不是与生俱来的。在发展过程中，积累资源以塑造出可攻可守的壁垒，至关重要。

五是管理增长。 管理企业的增长点、增长持续性，并在增长中积累资源，是企业战略落地突破的关键。

以终为始：以价值战略作为公司战略的第一目标

做企业的终极意义是什么？企业家的职责是什么？企业家的KPI（关键绩效指标）是什么？这几个问题，并不玄虚，反而具有非常重要的现实意义。搞清楚这几个问题的答案，是弄明白公司战略的大前提。在我帮助许多企业家制定战略的过程中，讨论到战略无解处，往往都要回到战略的原点处回答这些问题。

做企业的终极意义是什么

在一次从深圳飞往北京的夜班飞机上，我坐在窗边的位置，远远看到北京城璀璨的光束映红了整个夜空，壮观无比。随着飞机的缓缓下行，更壮观的城市夜景映入眼帘，北京环路的车光连接成了一个流体，CBD更像一个光的收发器，吞吐着城市的能量，这是人类现代史上的伟大创造。飞机越飞越低，依稀看到了每家每户窗口的灯光。

突然一个问题在脑海中闪过，我们此生来到这世上的意义是什么？是为了其中的一盏灯吗？或是一束光？是穷尽一生努力去换一套更大的房子，背着房贷的同时期盼着房价的上涨？那么，同样的问题是，我们经营企业的意义是什么？是为了一个公司的经营牌照？希望每年能从中拿回一些回报去享受更好的生活？我想，这些问题没有一个绝对和标准的答案，但对这些问题的不同理解，却形成了截然不同的人生观和企业观。

公司是一件奇妙的作品。做一家有价值的企业，就像构思及描绘一幅画，如果你将心注入，构思精巧，妙手生花，作品终会与众不同。随着时间流逝，这件作品愈显珍贵，最终被人收藏、传颂、珍视。但如果偷工减料，浅尝辄止，应付了事，这不过是在一张普通纸上的涂鸦，看似也卖出了价钱，但终会在时光中化为尘埃。

一些人一辈子只把公司当成工具，实现自己的"私欲"。而一些人的终极追求是把公司做成一幅作品，从而创造更多的社会价值与历史传承，实现"公利"。想明白这个道理，你就会发现，社会财富的巨大积累，给了每一个人走到创业舞台的机会。当越来越多的人将财富作为创业的附属品，财富不再是人们创业的第一追求时，你会发现，价值、意义、存在感、可传承、被尊重，将很快成为创业家的最高荣誉和宝贵资源。

做出人生选择：是做一个个体生意，还是做一家有价值的企业？有价值的企业最终会成为一种"奢侈品"。

企业家的职责是什么

企业家为创造价值而生，企业家是一个"岗位"，如果这个岗位职责不明确，那么也就很难找到其对应的KPI。一家企业，经过企业家的运作，是否能越来越有价值？一个产品，在一家公司的推动下，是否能让社会越来越进步？这就是企业家的职责。

在服务企业家的过程中，我发现许多企业家都非常关注如何给团队布置KPI。今天注重规模，规模就是团队的KPI；明天注重利润，降本增效又成了KPI；后天开始注重市场和占有率……企业没有常性，症结是企业家没找到自己的KPI。

企业家的KPI，如果只用一条来考核，那就是"企业价值第一"。企业家得通过系统的战略构建与经营，不断推高企业的价值，让2023年的价值比2022年的高，让2025年的价值比2024年的高，这才是最根本的战略主张。

所以，企业战略首先是价值战略，即制定企业的5年战略价值规划。5年后，你希望构建一个什么样的公司？价值几何？当下公司的战略价值是多少？通过何种努力，能够将价值稳步提升，实现战略价值5年规划的目标？所以，第一步，我们要从战略价值的评估开始。

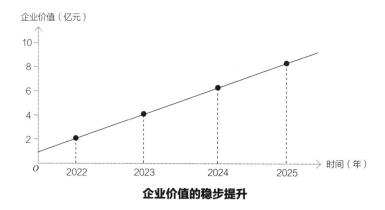

企业价值的稳步提升

如何评估一家企业的核心价值，在这里我提供一个关键的公式：**企业价值 = 基本面 × 未来空间**。

什么是企业的基本面？基本面是一家企业可持续发展的能力，保障企业稳定、持续、向上发展的内部系统。利润只是企业基本面浮在水上的部分，而在水下的部分，是我们真正要去构建的系统。

我们看一家企业，往往只从这家企业的表象去看，比如企业赚不赚钱、老板厉不厉害，但事实上，这只是企业的表象而已。一家企业当前不盈利，不能代表其基本面不健康。比如，京东在发展的早期，一直处于不盈利状态，其模式的

可持续性也饱受抨击，但我们仔细去分析京东的财报，分析
其背后的结构，其实可以看到京东的基本面正在不断好转。

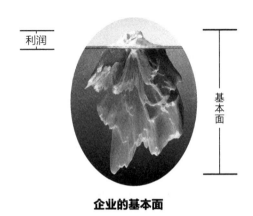

企业的基本面

京东经过了多年的亏损，终于在2016年达到盈利，对
于京东来说这是基本面"厚积薄发"的胜利。2016年，京东
全年净收入为2602亿元人民币，同比增长44%；网站成交
金额达到6582亿元，同比增长47%。用美国通用会计准则
（GAAP）核算，京东2016年全年净亏损为35亿元，2015
年全年净亏损为94亿元人民币，亏损同比实现大幅缩窄。

财报显示，用国内会计准则（Non-GAAP），京东
2016年的毛利达到386亿元，较2015年上涨62%，毛利率也

由2015年的13.4%攀升至15.2%。京东集团CFO黄宣德表示，毛利率的提升反映的正是规模经济效益的结果。

其实，早在2007年，京东自建物流曾引起巨大的行业争议，而如今京东规模效应发挥作用的直接因素就是物流网络。京东布局9年的物流网络已覆盖了全国98%以上的人口，360度无死角的物流网络，加上在物流上持续不断的技术创新所提升的效率，将带来长久的规模效应。一定程度上，这就是京东持续构建基本面的胜利!

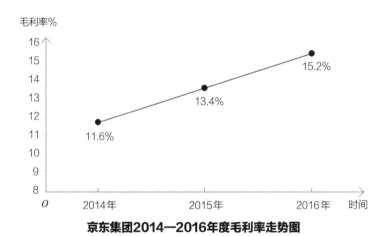

京东集团2014—2016年度毛利率走势图

我们可以看到，京东不是不能盈利，而是在相当长的时间内，选择了将业务利润大规模投入到基本面的建设上，换来未来更稳定、长期的增长，这就是关注基本面战略的公司。

什么决定了一个公司的基本面？我认为有以下几个要素：

一是产业选择。 公司产业研究和战略研究能力如何，能否根据环境和行业的变化，不断调整和升级公司战略与产品。

二是商业模式。 公司具不具备稳定的商业盈利模式，该模式能否不断地创造壁垒，模式是否能够不断升级。

三是人才与执行力。 公司的人才获取机制以及组织运转效率如何，极端情况下能否在离开创始人的情况下继续稳定发展。

四是供研产销的能力。 供应链交付能力、新产品新业务的研发能力、产品交付以及销售系统的稳定经营能力如何，品牌的持续影响力如何。

五是并购与整合的能力。 公司整合其他业务、其他竞争对手或伙伴的能力如何。优秀的基本面具备吞吐业务的突出能力，为企业扩大规模创造了更多的手段。

六是稳定与规范。公司的抗风险能力以及规范治理能力如何。这是一家公司保持稳而不败的定海神针。

以上所有的方面，共同构成了一家公司的基本面，而不断地在这些要素上"做功"，也构成了基本面的不断累积，越积越厚。累积基本面的过程，很像种果树：你不能抱有摘现成果子的心态，树苗种下去，需要悉心呵护、耐心浇灌，第一年的果实苦涩，第二年的果实产量不大，但3年、5年过去了，你会发现小树苗已茁壮成长，每年不需要太多呵护，也能硕果累累。这就是搭建基本面的好处。《基业长青》的作者詹姆斯·柯林斯在书中写的"做企业，要造钟，而不是报时"，正是此意。

而与之相反的，许多企业看似是赚钱的，但缺乏基本面建设，当下的盈利并不可持续，企业只顾着怎么赚眼下的钱，怎么方便怎么来，并不愿意在长期要素上投入，对短期见效慢的项目缺乏兴趣，这样的公司难以持续。

创始人一离开，甚至仅仅离开半年，公司就无法正常运转，团队如同"放羊"。这说明公司过度依赖个人，没有一整套的组织体系支撑公司的正常运转。

一旦离开某个关系或客户，公司的业务就无法持续。业务基础不稳定，说明产品核心竞争力不强，是靠产品以外的力量在维系。

同行或员工模仿非常容易，随便拉上几个人就能模仿出一模一样的业务产品。这说明公司在供研产销的关键环节缺乏"壁垒"，依赖个人而不是依赖系统。

内部管理混乱，公司"两本账"，这样的公司无法吸引投资人，更无法吸引真正专业的合伙人。不规范的企业，基本面更是无从谈起。

什么是一个公司的未来空间

一是边界与外延。公司能否不断地将自身的边界延展开，获得更多的市场机会和发展空间。企业需要不断地拓展新市场。

二是战略升级能力。 公司能否不断进行战略模式的创新，以强化自身的竞争力。

三是产品迭代能力。 公司能否跟随升级浪潮趋势，通过观察市场，驱动产品的持续优化升级。

四是资本调动能力。 公司在大规模运作阶段，能否有足够的资本应对公司的关键突破与竞争胜出。

五是资源整合能力。 公司在行业内能整合多少力量，形成多大的产业阵容，直接决定了企业的成长空间。

企业的价值，绝不是动动嘴巴，凭空产生的。一家公司的核心战略，就是瞄准一个方向、一个赛道、一个目标客户群体，创造企业核心价值。

公司的价值战略，就是调动公司的各方力量，不断在"基本面"和"未来空间"两个维度上"做功"，不断推高公司的核心价值。

事实上，我们把这两个指标一变，就列出了一个上市公司的市值公式：**市值=利润×市盈率**。市值战略，就是价值战略。

企业价值管理体系

以终为始，即以最终的目标倒推所有起始点的行动。企业需要明确企业价值创造的核心目标，明确在竞争环境中，未来3至5年内企业的价值创造目标。只有定位清楚自己的目标，反向才能找到边界，继而找到与之匹配的方式方法，最终逐步实现目标。

因此，定位目标是制定战略的第一要义。但是，在过往经验中，我发现绝大多数企业家对于未来3至5年的目标都不明确；即使将时间线缩短至今年、明年，部分企业家对目标也是不够清晰的。当目标不清晰的时候，企业家所做的抉择就会处于混乱状态，而这种状态会导致企业家在短期得失与创造价值中反复纠结和徘徊。相比有坚定目标的专业级企业家，这样的企业家在心力上会明显处于劣势。

有的人只关注公司短期得失，有的人更关注公司长期价值。所以，我建议身边的朋友，做战略决策前，先做出商业人生的选择。如果你认定自己就是一个生意人，那就做个极致的生意人。"短平快"就是核心竞争力，眼光好速度快，看准时机参与进去，但也要见好就收，绝不能恋战，同时要接受生意思维带来的风险，不可有持续、投机心态。一旦你选择做企业，首先就要厘清底层逻辑和顶层目标，将创造价值作为企业的持续导向和商业选择。

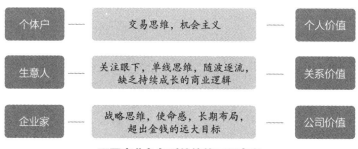

不同商业角色对价值的不同定义

企业家在明确以公司价值最大化作为第一目标后，对于是否搭建团队系统、设立激励机制、规范财务体系、打造产品研发体系等方面的抉择，就会有据可循。这些为实现目标而实施的长期行为都是在提升公司的可持续成长能力。

拓展延伸

投资圈里的生意人和企业家

在投资圈，关注短期交易机会，喜欢快进快出或"3+1"（即3年投资，1年退出）的大有人在。他们属于交易流派，更像投资圈里的生意人。而另一群人更倾向长期坚守，坚持用时间换空间，愿意获取一个大趋势的收益价值而非短期交易价值，属于价值流派，更像投资圈里的企业家。

重构边界：连横合纵拓展空间

什么是重构边界？首先我们要回答企业是"有形"的还是"无形"的，企业是"有边界"的还是"无边界"的。

企业是没有边界的，它的边界在于自我定义、自我想象的空间外延。当然，我们承认，企业首先要从一个具体的"有边界"处着手经营，创造价值。比如，做服装代工、做外贸、做芯片、做餐饮，都是一个具体的业务，在工商经营范围目录上都有分类。但随着企业的成长，我们会发现另一个本质，就是企业是跟随着消费者、跟随着创始人的内心在发展的。一家企业，想创造的价值越多，边界就会越模糊，会进入自我定义的阶段，其发展空间、自由度、想象空间就会越来越大。所以，边界感是企业战略重构的第二大思维。

连横合纵

"连横""合纵"都是战国时期创造出的伟大谋略，运用得当，可以改变国家的战略形势。连横合纵是战国纵横家们提出来的，"纵横家"的名称也由此而来。对于这些谋略家，有评语称："一怒而诸侯惧，安居而天下熄。"

合纵即"合众弱以攻一强"，用于阻止强国对弱国的兼并，与近现代欧洲所奉行的"（欧洲）大陆均势"有着相似之处，就是南北纵列的国家联合起来共同对付强国，阻止秦国和齐国兼并弱国。**连横就是"事一强以攻众弱"**，即随从强国进攻其他弱国，就是秦国或齐国拉拢一些国家，共同进攻其他一些弱国。

古时南北朝向为纵，东西朝向为横，战国七雄中较弱的国家如魏、赵、韩、燕、楚呈纵向分布。联合南北各国是为"合纵"。合纵既可攻秦，也可伐齐。公元前288年，赵国权臣李兑曾合纵五国攻秦，之后齐国毁约吞并宋国，各国退出合纵联盟。苏秦游说五国联合对抗齐国，之后五国合纵伐齐，燕国大将乐毅率军攻下齐国72城。"连横"是由秦国谋士张仪提出的，专指函谷关以东六国和秦国联合。因为秦国在西，秦与函谷关以东六国联合是为"连横"。

连横合纵，就是一种经典的边界战略。一国如果不能利用自身的能力，不断重构边界，不加入连横或合纵中，就会陷入到孤立和闭塞中，最终被击败；而不断与周边国家连横合纵，战略互补，就能够不断打开新的生存空间，获得发展机会。

一位企业家对待上下游、对待异业、对待同行、对待各类看似不相关的要素、对待不同领域的服务对象，或相同服务对象的不同涉及领域的思维，就是边界思维。

一亿中流的边界

一亿中流，起初是一家围绕着各行各业中千万元级至亿元级企业，为它们提供战略设计、资本规划、商学培训的公司。因为其商业思维体系的优势，帮助许多企业家站在更高维度上重新构思企业的发展，塑造了各个行业不少的逆袭标杆企业。许多实战案例逐渐走进了课堂，每年到一亿中流学习企业实操的企业家有数千名之多。如果我们此生只致力于做一名顾问，做一位老师，可能一亿中流的专家们日子也会过得不错，丰衣足食，也能获得社会尊重，看起来是个不错的"生意"。但事实上，这样的企业是做不大的，因为思想的无形属性，是难以统一和复制的，人才难以规模化地产生。最重要的是，思想可以帮助企业家厘清方向，但企业家想把一个想法实现，需要很长时间以及方方面面的突破，中间的不确定性，是从知到行之间最大的障碍。

一亿中流＋重度服务＝一亿中流成长计划

想要为企业赋能更多，就必须打破自我设定的"边界"，一亿中流需要"下场陪跑"，自我填平从知到行之间的鸿沟。因此，一亿中流成长计划模式出现了。模式的设计很简单也很精巧，即：一亿中流与企业的成长价值进行绑定，一亿中流负责战略设计和资本运作的持续迭代与落地，努力去实现共同设计的目标，企业家负责运筹帷幄，上下接通。一亿中流经常类比于蔡崇信和马云间的关系。一亿中流将顾问费折算成股份，并配以部分资金。如果成功了，一亿

中流与企业家共同分享增量价值；如果效果不佳，一亿中流
与企业家共同忍受企业价值无增长、无收益的困局。这种模
式的设计，让一亿中流的思想和企业家的实践捆绑在一起，
真正考验着一亿中流的落地能力——如果做不成，就说明一
亿中流"不行"，那也就不要误人子弟乱提建议了；但如果做
成了，那么就是真"行"，一亿中流模式值得做大推广。很幸
运，事实证明一亿中流有这样的运作能力，在不同行业中，通
过长时间的运行，一亿中流推动了企业在关键时点的重要突
破，将一些事做成了，而这样的方式，也将一亿中流的想象空
间和收益放大了数十倍，一亿中流的边界打开了。

一亿中流＋地方政府＝一亿中流企业服务加速器

一亿中流边界的扩展，让一亿中流有能力进入到企业
的后花园中，与企业家从师生变成战友。随之，一亿中流的
影响力与价值也在不断提升。这时，政府的关怀与介入，又
成了一亿中流全新的升级契机。各地政府发展经济决心大、
担子重，但是社会上能帮助地方政府聚拢、加速、服务好企
业，真抓实干的平台和机构，实在太少了。倒是许多时候，
看到的是各类靠概率撞大运的中介，或漫天承诺任务但最终

落得一地鸡毛的机构。一亿中流在具备较大规模的企业聚拢能力，特别是企业实操能力后，开始慢慢变得成熟。2019年，在浙江省"凤凰行动"计划的支持下，我们与杭州市政府合作的"第一个标杆项目"大获成功，在短短半年的时间内，一亿中流引入的估值1亿美元以上的企业超过10家，税收指标超额完成数倍，达到年均数亿元税收，若干家企业都启动了上市规划。腾笼换鸟，一亿中流做出了自身的贡献。很快，好事传千里，一亿中流企业服务加速器的模式迅速复制，从2019年到2022年，短短不到3年在上海、成都、西安、合肥、南京、深圳、广州等十余座城市复制了超25座企业服务加速器，均取得了不错的成绩。

一亿中流＋产业总部经济＋招商基金＝创新的产城融合

入驻一亿中流企业服务加速器的企业越来越多，质量越来越好，一些企业家提出需要自身的空间、总部，因为有恒产者有恒心。而这与地方扶持产业经济的大方向不谋而合，因此，为了解决这些亿元级企业"小地拿不到，大地拍不起"的困局，让土地空间与产业经济真正相融合，一亿中流产业总部经济（一亿基业）的开发模式应运而生。同时，因为匹配了地方财政的长期扶持基金，这样的模式又获得了广泛认同。一亿中流的边界，又得到了巨大的拓展。

一亿中流围绕着这群千万元级到亿元级间的中国商业经济中流砥柱，未来还会向何处延伸？是科技、金融、供应链、健康？我不知道，但我能确定的是，边界还会不断延展，我们会一如既往地围绕着我们的服务对象，为中国企业赋正能，为商业世界注清流。

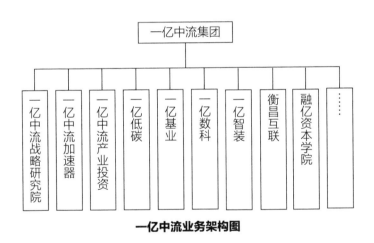

一亿中流业务架构图

企业家能否拓展边界，与自身的知识结构有密切的关系。在一亿中流商学课程体系，很重要的一项内容就是知识结构的扩展。企业家们越来越需要掌握一些跨行业经验和资源。如果我不接触资本、空间管理、地方政府、产业地产，我想，一亿中流的模式也很难不断外延边界。当今的知识体系，多元能力已成为核心，单一能力的抗风险与竞争力，是不足以在未来激烈的市场竞争中长期生存的。

在企业的边界思维应用上，我重点介绍三大思维，分别是产业边界的四个顺势、产业边界的三维象限和企业战略客户的六度模型（ABCGPS模型），以帮助企业家不断拓展自身的边界想象空间。

产业边界的四个顺势

一是顺客户群拓展边界。阿里围绕着B2C服务，不断延展自身的产业边界。客户需要更方便、品类更全的交易平台，有了淘宝；客户需要信用中介和金融服务，有了支付宝；客户需要更快捷的物流，有了菜鸟物流；客户需要千人千面的画像，需要更强的分析系统，有了阿里云……阿里的每一次延伸，都基于其庞大的用户群体，构建起一座座高墙壁垒。

二是顺核心能力拓展边界。雅马哈原本是一家制造钢琴的公司，在制造钢琴的过程中，逐渐掌握了制作其他乐器的技能。随着电子乐的兴起，雅马哈开始涉足电子乐器。为了节省电子元件的成本，雅马哈开始自制数字信号处理器，掌握了数字信号处理技术，并制作了路由器，生产了半导体电子组件。雅马哈还利用自己钢琴涂漆方面的专业知识，发展了汽车零件业务，之后还顺势进入了摩托车、船艇等行业。雅马哈的跨界不止于此，它还利用自己制作钢琴中积累的木工技艺，形成了雅马哈家具，并开始建造房屋，利用自己音乐后期处理的优势，制作了合成器和控制器。雅马哈一次次围绕着核心能力拓展边界，最终成为在全行业立足的传奇企业。

三是顺数据拓展边界。 2015年8月10日，谷歌宣布成立Alphabet公司，并将原谷歌旗下的Calico、Nest、Google资本、Google风投、Google＋、Fiber以及谷歌公司本身等包含其中。Alphabet原意指英文字母表，代表谷歌的业务项目已涵盖26个英文字母。谷歌依赖全球最大的数据基础，开始做世界级的平台，推动各个领域的技术创新和商业应用。掌控着全球最大数据体系之一的谷歌，用全新的模式进入各个行业。很难想象，这要孵化出多少独角兽级公司。

四是顺地头力拓展边界。李嘉诚的香港和黄几乎垄断了整个香港的核心业务。早在1979年时，李嘉诚和汇丰银行达成协议，半价收购和黄9000万股，占比22.4%，拓展了其在零售业务的发展（如开遍全世界的屈臣氏、遍布全港的百佳超市等）。1995年，香港当局决定解除电信垄断。李嘉诚看准时机，成立和记电讯，与华为合作率先在全球推出3G服务，并且在3G业务的持续革命中遥遥领先。李嘉诚持有着众多的香港物业、12个葵涌港的泊位，处理港口近一半的集装箱。其拥有的百佳超市和屈臣氏，占全港七成零售超市份额。李嘉诚在运用"地头力"拓展业务边界上可谓是如鱼得水。

在企业的产业选择和业务结构思考中，传统的、边界清晰的产业概念，需要全新审视。产业边界越来越模糊，产业跨界、产业混搭、产业融合的现象越来越普遍，甚至变成企业出奇制胜、强势崛起的一种大趋势。

产业边界的三维象限

我们可以把产业分为三维象限，分别是行业、同业以及异业。

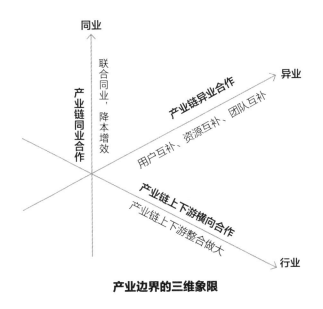

产业边界的三维象限

第一，产业链上下游横向合作。产业链上下游的延伸，是企业家必须思考的重要战略。为什么要延伸？因为专业化分工带来了每个企业的"专业"，但同时也造成了整个产业链条的过度细碎和冗长，造成产业上下游许多环节的"断点"。而正是这些断点，造成了企业损耗、客户体验感差等问题。因此，打破产业链上下游边界，是有着重要战略意义的行动。通过链条的延伸，降低环节成本，提高交付效率，增强抗击风险的能力，为下游客户提供更好的服务，这对企业而言，都是重要的战略边界拓展命题。

第二，**产业链同业合作**。同行既是对手，也同样可以成为伙伴，成为企业战略延伸的新领地。许多企业的成功，都因为提升了某种核心竞争力，但如何运用这种核心竞争力转变思路，去服务同行，而非击垮同行，却少有人关注。事实上，同行是你最了解的"客户"，因为你们的运作模式、盈利点、痛点都高度相仿，你的优势可能就是别人的痛点。转变思路，将优势当作一种"产品"，将自己打造成赋能同行的服务公司，这样的企业，大有人在。许多行业服务型公司，大多起源于之前的行业一员。

第三，**产业链异业合作**。行业的上下游、同行的边界拓展，容易被关注到，而更大的合作空间，可能出在异业。简单来说，我们发现所有企业的终极服务对象，都是人。人构成了这个商业世界最完整的"原点"。因此，理论上说，所有企业、所有商业都是有关联的，只是关联度的大与小而已。比如，某某公司与银行推出联名信用卡、某某游戏公司与饮料公司推出冠名产品等。这样的例子在生活中屡见不鲜，就看你思考是否深入，脑洞是否能开得够大。同样，对于企业家而言，你能够想出怎样的异业圈层，就能构想多大的战略边界和想象空间。

产业链的三维边界，核心是帮助企业家构想"供给侧"的战略边界。而接下来讲述的企业战略客户的六度模型（ABCGPS模型），则是在"需求侧"方面去拓展企业全新的业务边界。

企业战略客户的六度模型（ABCGPS模型）

在企业的客户层面，也有不同的边界。有许多企业家守着好产品，却找不到市场，找不到客户，那么，一亿中流原创的ABCGPS模型，可能是你的救命稻草。企业家可以通过这个模型从六个方面不断寻找客户的边界，打开更广阔的市场通路。

To Agent（社交/社群/多层分销）

To Business（民企/国企；大企/小企）

To Customer（幼青中老；贫/中/富）

To Government（政府/中央/地方政府）

To Partner（同行/上下游/跨界/人才）

To Shareholder（战略型/财务型/业务型）

企业战略客户的六度模型（ABCGPS 模型）

A的意思是Agent，是指商业中具备对客户形成广泛影响力的群体。比如，网络红人、带货能手、意见领袖等。这批人天然有聚拢能力，有释放强大影响力和公信力的基因，但他们分散在商业业态中，没有被有效组织。他们具备能够将你的产品强势植入客户、带动客户买入的能力。当企业家选择To A战略时，其核心是让A满意，A拥有产品的定义权，他影响所有的B和C。

B的意思是Business，指代企业客户。各类民企、国企都是企业客户。做To B生意的企业，天然会面临拓客难、服务重、交付难的问题。B端的个性化需求相对较多，非常考验To B企业的精准定位与标准化交付能力。如果一个企业只是泛泛定义To B，而不分哪个阶段（无论是"双创"、大型企业，还是上市公司），不分哪个行业（无论是外贸、消费、科技，还是农业），不分哪个地域（无论是东部沿海，还是中西部；无论是核心大城市，还是下沉市场），那么To B的生意将举步维艰。

C的意思是Customer，往往指代最终的个人消费者。与To B 面临的问题相同，C端庞大的市场，需要"一根针捅破天"。一个产品，只要精准定位了其目标群体，其在C端中都有极大的市场应用空间，但问题是，产品好做，客户难抢。C端市场，天然面临着大量的市场竞争，特别是主流市场，比如大城市的中产、母婴、女性市场等，都是巨头兵家必争之地。但巨头所忽视的市场，往往又蕴含了不少生机。

绝大多数的文具厂商起步期都采用To C 战略，通过街边零售店方式将文具直接卖给个人消费者。但是得力、齐心、晨光这样的知名企业率先转型，战略上开始由To C 转向To B。为什么？

在商品不太丰富的时候，文具是高价值商品。我们小时候都有因为丢失一支心爱的圆珠笔或自动铅笔而心疼不已的经历。这是商品稀缺年代时的独特记忆。但随着商品的极大丰富，基础商品的供给大大增加，文具用品很快成为低值易耗品，特别在商业场合中，笔是低价值的基础生产工具。

文具的购买行为开始由B端进行支撑。先知先觉的企业率先开始战略转型，推出企业级办公服务，以解决企业办公方方面面的需求。从提供纸、笔到提供打印机、印刷机等一切基础办公用品服务，这些行业先行者极大地降低了大型企业的办公耗材采购成本。因此在这一转型动作启动之后，行业先行者开始以大型央企、民企为重点目标客户，掀开了一场To B战役，成效斐然。齐心文具拥有大量稳定的机构客户，让其市值达到上百亿，成为行业佼佼者。

G指代Government，即政府客户。更准确的说法应该是有政府背景的相关客户，如地方政府、各级行政机关、央企及下属子公司、国资事业单位等机构。企业家要特别注重政府端的力量。在任何国家，政府客户都是第一大客户。在中国，各级政府及机构更是每年花费数十万亿元去购买相应服务，推动国家的向上发展。很多企业家觉得自己的业务与政府不相关，往往会忽视G端的力量，其实，就连创业狂人马斯克的特斯拉和X Space，都获得了美国州政府和国家航空航天局的大量订单。学会服务G端，很有可能帮助企业打开一扇新的天窗。

P指代Partner，即同行。同行也完全可以成为企业的客户，因为企业家比任何人都了解同行的痛点，这很可能成为企业家的突出优势。事实上，所有行业都有被赋能的需要。

比如一些行业，或缺乏客户流量，或缺少资金支持，或缺少更强、更优的供应链支持，那么，谁先解决这些问题，谁就有可能获得服务同行的能力，将自身优势转变成服务优势，由服务客户转型为服务同行。比如，当IBM成功获得自身在IT行业中大规模并行、高效研发的核心能力后，其组建了IBM咨询，将其转化成一种可以服务各个行业大型集团的系统咨询服务能力，并且将其作为一种咨询产品出售。

IBM全球企业咨询服务部是全球最大的咨询机构，在160个国家中拥有超过6万名咨询顾问，在20个行业中拥有丰富的经验。其客户包括78%的全球财富100强企业、64%的全球500强企业。其服务涵盖策略变革、客户关系管理、供应链管理、财务管理、人力资源管理、信息技术及商业外包等。

S指代Shareholder，即股东。如果ABCGP还无法帮你寻找到正确的客户，那么S也可能成为你的核心客户。比如，大家都用过高德地图和百度地图这两款导航软件，你是否思考过这样一个问题：导航地图公司的地图构建与信息更新，需要耗费大量的人力物力，面对如此高昂的投入，导航公司如何盈利？

无论是高德地图还是百度地图，虽然服务万千客户，但在C端都没有找到太好的盈利模式。对于B端，虽然有很大的数据价值，但是流量、广告、入口好像都无法抵消其巨量的运营费用。

事实上，我们最终发现，高德的最核心商业运营基础，是引入战略级股东阿里。对于阿里的大型生态而言，地图系统是其线上线下布局的重要基础设施，外卖、物流等业务都离不开核心地图及导航功能。

对于超大型生态企业，包括国家，有一类基础设施型企业，其构建了社会及经济的正常运转基础，方便了所有人，但是无法形成对所有人的收费模式。而这样的基础设施，国家、超大型生态企业，可能就是其最重要的付费者。最近，铺天盖地的餐饮二维码支付体系，逻辑本质也是如此。

一位企业家在产业上的边界思维、在产业链上的边界思维、在客户上的边界思维，直接决定了企业战略的制定空间。

许多企业家有许多的战略延展空间，在跨产业、跨链条、跨客户上每每守正出奇。这些能力就来源于其广阔的边界视野。他们能够不局限于较小的一亩三分地，能够站在更高处，从更大的局面去服务客户、去设计战略。

一些人，构思缜密，心中看到了全世界，都在一张图景上步步为营。

一些人，偏执自大，终其一生，只看到了眼下，止步于开始之处。

动态战略：模式选择上守正出奇

很多企业家常常会陷入这样一种认知误区：战略是可长时间适用的，战略模式一旦选择完毕，自此就高枕无忧了，剩下的是执行的事。

事实上，战略需要跟随周围的产业环境实时改变，甚至快速变化。一场战役下来，战略变上两三次，都是非常正常的。比如，这次疫情将整个产业周期打乱，上升周期突然变成下降周期，那跑马圈地式的扩张节奏就需要调整。再比如，在制定战略时行业处于整合期，经过3到5年，行业进入涅槃期，那战略也需要相应进行调整。还有一种情况是，行业里出现了新的技术，使行业运转效率出现了革命性的大幅提高，原来的竞争方式、经营运转方式、服务方式都发生了变化。这个时候你说企业要不要再调整战略？

所以，你会发现，战略必须要因地制宜地实时调整。我现在观察到的情形是，外部环境变化越来越快，周期切换频率越来越高。类似于开车，路况变得更复杂了，与以前的一条大路走到头不同，现在的路是山路十八弯，时而阳光明媚，时而风雨交加。对企业家的战略水平要求，也前所未有地高了起来。

四大经典战略分析模型

管理学发展历史中有许多经典的战略分析模型。管理学家们通过不断建立新的模型，力图更好地解释企业如何根据内外部条件变化调整战略。下面向大家介绍四种常用的战略分析模型。

SWOT分析

SWOT分析由美国旧金山大学国际管理和行为科学教授

海因茨·韦里克创立，广泛应用于战略制定领域。

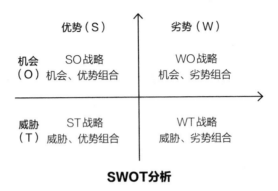

SWOT分析

S指优势（Strengths）、W指劣势（Weaknesses），O指机会（Opportunities），T指威胁（Threats）。按照企业竞争战略的完整概念，战略应是一个企业"能够做的"（即组织的强项和弱项）和"可能做的"（即环境的机会和威胁）之间的有机组合。

优势，是组织机构的内部因素，具体包括有利的竞争态势、充足的财政来源、良好的企业形象以及雄厚的技术力量等。

劣势，也是组织机构的内部因素，具体包括设备老化、管理混乱、缺少关键技术、研究开发落后、资金短缺、经营不善、产品积压、竞争力差等。

机会，是组织机构的外部因素，具体包括新产品、新市场、新需求、外国市场壁垒解除、竞争对手失误等。

威胁，也是组织机构的外部因素，具体包括新的竞争对手出现、替代产品增多、市场紧缩、行业政策变化、经济衰退、客户偏好改变、突发事件等。

BCG Matrix 模型

BCG Matrix模型由波士顿咨询公司创始人布鲁斯·亨德森于1970年首创。该模型认为，一般决定产品结构的基本因素有两个，即市场引力与企业实力。市场引力包括整个市场的销售量（额）增长率、竞争对手强弱及利润高低等。其中最主要的是反映市场引力的综合指标——销售增长率。这是决定企业产品结构是否合理的外在因素。

企业实力包括市场占有率、技术、设备、资金利用能力等，其中市场占有率是决定企业产品结构的内在要素，它直接显示出企业竞争实力。销售增长率与市场占有率既相互影响，又互为条件：市场引力大，市场占有率高，可以显示产品发展的良好前景，企业也具备相应的适应能力，实力较强；市场引力大，但没有相应的高市场占有率，则说明企业尚无足够实力，则该种产品也无法顺利发展。相反，企业实力强，而市场引力小的产品也预示了该产品的市场前景不佳。

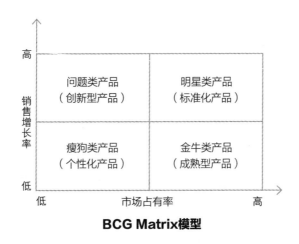

BCG Matrix模型

明茨伯格的5P战略模型

对于企业战略，加拿大麦吉尔大学教授明茨伯格指出：

人们在生产经营活动中不同的场合以不同的方式赋予企业战略不同的内涵，说明人们可以根据需要接受多样化的战略定义。在这种观点的基础上，明茨伯格借鉴市场营销学中的四要素（4P）的提法，提出企业战略是由五种规范的定义阐述的，即计划（Plan）、计策（Ploy）、模式（Pattern）、定位（Position）和观念（Perspective）。这构成了企业战略的5P。

这五个定义从不同角度对企业战略这一概念进行了阐述。

明茨伯格的5P战略模型

波特五力分析法

波特五力分析法由哈佛商学院教授迈克尔·波特于20世纪80年代初提出。他认为行业中存在着决定竞争规模和程度的五种力量。这五种力量综合起来影响着产业的吸引力以及现有企业的竞争战略决策。这五种力量分别是行业内竞争者现在的竞争能力、潜在竞争者进入的能力、替代品的替代能力、供应商的议价能力与购买者的议价能力。

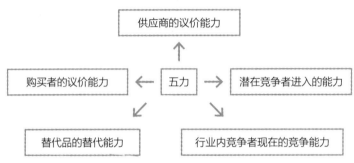

波特五力分析法

波特五力分析法用于竞争战略的分析，可以有效地分析客户的竞争环境。波特五力分析法是对一个产业盈利能力和吸引力的静态断面扫描，说明的是该产业中的企业平均的盈利空间，所以这是一个产业形势的衡量指标，而非企业能力的衡量指标。通常，这种分析法也可用于创业能力分析，以揭示企业在本产业或行业中具有何种盈利空间。

很多时候，这些模型只适用于咨询师、教授，对战略高手适用。因为这些模型需要分析人基于全面完整的信息，掌握大量的数据、丰富的操作技巧，才能产生作用。而对于将精力大量放在具体执行、竞争迫在眉睫的企业家来说，选择一套经典、直观而有效的核心战略，可能更加具有现实意义。

一亿中流结合大量的经典战略与大量一线的战略实操，概括总结了企业针对七段周期的八大经典战略模型。我们不是发明创造者，而是概括总结者。学习经典、总结经典、应用经典，而不是用模型胡乱推演、标新立异。这对于专业级企业家而言，尤为重要。

这八大经典战略模型，基本能够覆盖在各种环境下的经典战略选择，之所以称之为经典，就是因为它们适用的场景更综合，具有普适意义。**市场上所谓的各式各样的新奇战略，也不过是这些战略的变相演绎，万变不离其宗。**

我发现，这是企业家快速提高战略素养的捷径。学会了这八大战略，能够应对绝大多数的竞争场景，能够快速根据环境变化做出新的战略反应，能够抓住更多的战略契机。企业家熟练地掌握和应用这八大战略后，就形成了企业家的战略直觉，像十八般武艺一样，可以不断选择、切换。

基于七段周期的八大经典战略模型

在第二篇中，我提出了周期七段论，七段不同的行业周期，创造了完全不同的竞争环境，也驱动了企业家完全不同的最佳战略选择。学过这八种战略的企业家，行走江湖，能做到心中不慌。不断的战略训练，会让企业家活学活用，让战略"化为绕指柔"。

在此，我先简要地将这四大战略模块、八大战略模型，与各位企业家分享。

创新战略

在行业起步期，行业刚刚开始萌芽，少数企业开始介入，大部分企业处于观望状态，行业内往往蕴含非常多的创新可能性，因此企业可以选择创新战略。**创新战略里的具体操作战略分为科技创新战略和模式创新战略。**科技创新战略是用最低成本组合技术资源，实现企业科技力量突破的核心战略，特别适用一些技术属性不足，需要用技术增强竞争属性的企业。模式创新战略，是在模式上进行结构组合，实现产业链的效率优化，达到超越对手目标的核心战略。

成长战略

在行业成长期，大量企业进入，相互混战，占据空白市场，少数企业开始领先。混战出枭雄，这个阶段谁能迅速扩张占领市场份额，谁就能拔得头筹，获得下一阶段的竞争优势。跑马圈地，是这个阶段企业家的主题词。如何跑马圈地？**在成长期通常有两大战略模型，即点线面扩张战略和借船出海战略。**

点线面扩张是经典的业务扩张模型，通过打造可以大规模复制的样板标杆，进而进行点到线的标准化复制，当复制到一定体量后，规模效益凸显，影响力及平台优势可以支持企业开辟更多的产品线，形成全面扩张的业务局面。生态战略、入口战略，其实都是点线面扩张战略的演变形态。在点线面扩张战略的操作过程中，需要严密的战略规划和行动路径安排，需要大量的标准组织工作匹配落地。我们当今看到的大量互联网公司，实现了极短时间内全国化的复制和扩张，就是点线面扩张战略的经典执行案例。成长战略是在成长周期中企业的最佳匹配战略，跑马圈地是成长周期企业的关键。

但对于一些没有形成可规模复制的模型、竞争优势也不突出的企业而言，可以选择第二种业务扩张模型，即借船出海战略。借船出海，顾名思义，就是找到具备大规模扩张能力的公司和产品，借着它们的势能去扩张。

在强势企业大规模占据市场前，存在着可复制的时间窗口。其他企业可以抓住这个时间窗口，发挥自身的能力与这些强势力量结合，借助它们的优秀模型和产品进行复制，以实现双赢的目的。这是非常重要的战略实现方式。大型企业的边缘创新或辅助战略，也是借船出海战略的经典反映。比如阿里、腾讯、美团形成了庞大的生态体系，但对于这些万亿元级巨头而言，周边分散着大量产业机会，创业者与其自身孤军奋战，不如加入大生态团战，这也是变相的借船出海。什么时候借、向谁借、如何发挥双方的价值实现优势互补、怎么搭建一个双向共赢的合作架构，是这个战略成功实施的关键。

整合战略

从行业成熟期向整合期过渡的阶段，行业集中度高、竞争稳定，整体产能过剩，行业生产效率和利润率均出现下降。在这个阶段，整合就是主题词，竞争与优胜劣汰，是其中的内涵。

整合意味着相互之间必须进行兼并重组，通过合并来实现优势互补，化竞争为合作。大量的合并促进了整合行业的进步，也能够让王者最终脱颖而出，充分实现龙头效应。与谁合并、如何合并、如何实现合并整合的最大化效益，是整合战略的关键。**在整合战略中，有两个很重要的具体战略模型，即升维整合战略和降维整合战略。**

整合很难在两个旗鼓相当的对手间产生，看似门当户对，实则相互制衡。在实操过程中，有大量的细则问题难以解决。比如，谁整合谁、整合后谁说了算。因此，整合通常发生在强与弱、高与低、大与小之间，这样更容易形成相对稳定的融合关系。所以，想要参与整合大潮，企业必须要学会升维整合战略或降维整合战略。

所谓升维整合战略，即将自身的业务及战略模式抬高、升维，从而比同行高一个段位，找到比自身体量更小，但有差异价值的一方，进行整合。

所谓降维整合战略，就是降低自身维度。这不是自我贬低，而是面对比自身体量更大、更有竞争力的一方时，利用自身的特有优势，主动降维，成为其重要一分子或下属平台，进而借助其力量再去整合他人。

举例来说，一家市场充分竞争赛道的民企，遇到具有极强竞争优势的央企，由于央企的公信力、资金优势、业务优势是民企无法抗衡的，民企就可以选择降维整合战略，围绕如何被整合打造一套独特战略，成为央企的下属子公司。当民企获取了差异化的竞争优势后，再与其他竞争对手整合，效率与质量会大幅提升。

升维整合战略和降维整合战略，在当前中国诸多处于整合期的行业中有着巨大应用价值。许多企业活学活用，保持内生增长（成长战略）和外延增长（整合战略）相并行的战略实施方式，企业实现了超过行业增速数倍的增长。这样的企业，会穿越行业周期，成为最后的大赢家。

赋能战略

从产业整合期向涅槃期过渡的阶段，产业通过大整合，资源分配得到了有效优化，大企业掌握的资源越来越充沛，在整体上实现了市场的规模效益和服务效率。创新型企业在这样的产业背景下，围绕着大企业展开赋能战略或平台战略，是企业保持增长的最佳战略选择。

赋能战略的核心是从经营公司转变为经营产业，开放自身的核心资源，将产业各方作为自身的服务对象，以达到产业即企业、企业即产业的战略。

赋能战略中，产业赋能战略和人才赋能战略是最经典的两大战略。 产业赋能战略，是指利用龙头公司领先的制造、营销、品牌、供应链、金融等各个方面的产业优势，实现对其他同行企业的赋能。借助赋能战略，将对手转变为伙伴。比如，在制造业，龙头企业形成了大规模精益化的制造能力，其产品量产、质量控制、成本控制等各个方面的制造能力全面领先，那么对于一些品牌能力突出，但制造能力相对不足的企业，便可以采取产业赋能——制造赋能战略，建开放工厂，打造行业中央工厂的战略。再比如，某品牌企业，形成了全国大规模的线上或线下网络营销能力，品牌影响力深入人心，那么便可以采取产业赋能——品牌营销赋能战略，发挥自身的营销优势，赋能于行业，甚至跨行业的、产品好但营销弱的公司，做出自身的产品生态体系。

人才赋能战略，不以有形力量作为赋能资源，而以无形力量作为赋能资源。一个龙头公司，往往是一个行业的"黄埔军校"，其新模式或新产品，很多时候来源于上一个时代龙头企业出走创业的潜力人才。但企业如果如此往复，事实上是巨大浪费，老龙头倒下，新龙头升起。人才赋能战略是以人为本，构建人才创新创业生态的战略体系。将一个行业的顶级人才聚拢麾下，就是聚拢了一个行业的所有未来。韩国三星集团、中国视源电子，都是人才赋能的经典案例。

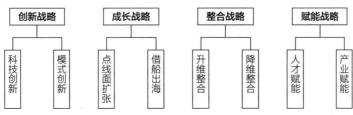

一亿中流四大战略模块和八大战略模型

以上是四大战略模块和八大战略模型。企业可以根据所
处的不同行业周期匹配相应的模型，里面几乎囊括了所有经
典的战略打法。对于企业家而言，要成为专业级赛手，首先
要了解并清楚本企业所处的行业周期，学会应用对应的战略
模型。这不是一场游戏，而是专业赛手之间的竞争。

从商业世界产生的第一天开始，人类在商业世界里所能
运用的方法和规律已经奠定。管理是一门科学，科学就能够
复制。企业家只有通过系统地学习专业的战略方法，才能知
道自己所处的行业环境是怎么样的、面临的竞争对手是谁，
以及要运用何种方法与之竞争，从而真正进入到一种专业化
的运作状态。

战略是一种选择，不是拍脑袋想出来的一种运作方式。
战略是基于情境、基于周期、基于方向、基于你在行业里的
位置，最终做出一种相应的、适配于当下的选择。而这种选
择有利于你当下的推演工作。当这种选择推演了两年之后，
各方面的环境发生变化，新一轮的选择又将开始。

塑造壁垒：在跑马圈地时加固城池

闪电战无法带来最终的胜利，只有稳扎稳打的阵地战才能保住胜利果实。一个企业在飞速发展中，如果无法形成自身的核心竞争壁垒，那么，怎么打下的江山早晚还得怎么交还出去。

我常常发现，企业家描述不出自身的核心竞争力，讲了半天，也没有办法总结概括出自身的过人之处。好像每个地方都做得还不错，没有太明显的短板，但好像每个地方都没有真正的过人之处，无法明显地超越对手。这类没有突出优势的"均好"或者"平庸"企业，无法在客户面前形成差异性，更无法抵挡一个个竞争对手的长板进攻。这样的企业，形不成竞争优势和防守壁垒，最终都难以摆脱淘汰出局的命运。

在企业快速发展中，积累资源，塑造一个甚至多个长板，形成进攻别人以及巩固自身阵地的壁垒，是企业的核心战略。

"百艺通，不如一技精。"一家企业，在何处可以持续累积以竖起高墙？我认为至少可以从以下的一个方面切入，形成自身的突出优势：

一是成本领先战略。公司以更低的成本提供服务。

二是服务领先战略。公司在服务成本等同时，提高服务质量。

三是效率领先战略。公司以更高的效率提供同等水平的服务。

四是客户锁定战略。公司用商业手段与客户形成更稳定的关系。

五是功能领先战略。 公司以更创新的功能实现不可替代性。

六是品牌领先战略。 公司在成本和服务等同时，有更可信的品牌。

七是资本领先战略。 公司具备更雄厚的资本或更易聚拢资本的平台。

成本领先战略

曾经有一位富士康的前核心高管和我说过这样一个故事。他说郭台铭之所以能够打造全球工厂，绝不是仅仅因为抓住了全球产品需求和廉价的大陆制造业机遇。富士康早期发展时，半路出家，几经磨难，处在破产边缘，世界环境的剧烈局势变化让台湾岛上的制造企业如坐过山车般心惊肉跳。郭台铭下了极大决心，用现在的话说，就是5＋2、白加黑，没日没夜地干，白天找订单忙生产，晚上就带着全体干部加班加点研究如何能够将生产精益化进一步提升，如何能够比别人的产品质量更好、交期更短、成本更低。从模具到制造，全员提改善方案、梳理工艺流程、创建表单、核算成本、升级工艺，每一个制造的细节都不放过……凭着这样的奋斗精神，郭台铭用"别人卖1块我卖6毛"的杀手锏，从当时全球最大连接器厂AMP手中抢下连接器大单，并且推出第一个自有代工品牌——富士康，把鸿海推进了台湾制造业1000强。

1988年，郭台铭凭借着胆识和格局，在深圳设立了富士康精密组件厂，生产电脑周边接插件，尝试利用大陆人力、土地和综合成本更低的优势，把他"量大、价低"的策略干出新高度。磨合成熟后，1993年，他以"看得见的土地我都要了"的气魄，相继在深圳、昆山扩建和新建了两家累计8万人的大厂，一举奠定了富士康全球代工之王的江湖地位。越来越强的制造能力吸引了越来越多的客户，由此开启了鸿海的狂奔时代。富士康一跃成为全球最大最强的科技制造企业。

成本领先战略不仅仅体现在制造业中，服务业等行业也有成本领先战略。一亿中流服务过一家母婴连锁企业，一年时间开了4000家进口母婴连锁加盟门店，为什么全国布局速度这么快？原因是它直击了当时母婴连锁加盟的要害，即加盟成本高、加盟者投资回报模型不够优化。因此，这家企业采用了近乎0元的加盟模式，以前期货品预定金抵扣加盟费的方式，并配合以精准的全网品牌宣传、优秀的门店陈设及供应链货品采购能力，迅速在动辄10万至20万元品牌加盟费的行业中脱颖而出，获得了奇迹般的成长。

其实我们都能看得出，这家企业的战略，是用更低的加盟门槛，换取未来更多的网点量和供应量。这样的入口战略，能够给企业带来更大的市场想象空间。之后，在许多连锁行业中，免加盟费联营模式，变相地再次降低了加盟者的出资压力，提高了投资回报率，这都是极致成本战略的体现。任何时候，相同服务条件下，更低成本都有极强的不可替代优势，关键是，企业家能否塑造和持续保持成本优势。

服务领先战略

成本无法做到极致，或者全行业的交付成本已经趋近于一致，没有太多的成本差异，那么企业可以通过提升服务，塑造领先和差异，形成强壁垒。服务本身，就是价值，成本相同，但服务截然不同，就会形成不同的"性价比"，转而形成竞争优势。

　　餐饮行业中的川味火锅就非常典型。川味火锅，以辣闻名，各家公司开店成本、店面大小、食材甚至口味等各个环节，成本都趋近一致，没有本质区别，想在成本竞争中一决高低，不太可能。而海底捞，却凭借服务，异军突起，在餐饮行业中走出了一条完全不同的服务领先战略。虽然每个餐饮老板都想让自己店的服务水平提高，但是餐饮员工工资低、工作压力大、人员流动率高、岗位自豪感差，动辄还会遇到各种客户投诉甚至辱骂，想让服务员能够持续高水平服务，甚至还要发自心底地服务，知易行难。海底捞做到了，不是靠粗暴的激励，不是靠严苛的管控，靠的是"先把员工当客户，让员工获得尊重和满意，再激发员工服务好客户"的理念。海底捞真的把员工捧了起来，给员工提供最佳的居住环境，员工起早贪黑忙了一天，回去有人照顾，有人整理房间，有人帮着清洗衣物，一切都收拾得干干净净、妥妥当当。公司还开设海底捞大学。你是服务员？不，你是预备店长，给你晋升的学习机会和平台，让好好干的员工有出人头地的机会。关于海底捞，黄铁鹰教授的《海底捞你学不会》这本书，将海底捞为什么能够实现服务领先，最完整地诠释了出来。书中展现了大量第一手素材，让我们看到服务领先战略，以及企业家的责任与使命。

效率领先战略

成本一样、服务也一样，如何脱颖而出？时间可能会给我们提供第三个重要维度。以相同价格提供同等水平的服务，但是一者用了1周，而另一者仅用了2天，在时间就是金钱的现代社会，这就是优势。

电商所需的互联网技术已经不是门槛，向品牌家电采购到的产品价格也不太会成为核心成本优势，那么，京东凭什么能够脱颖而出？答案是：方便，快！

动动手指，部分城市一天送达，无论是对比线下的国美、苏宁，还是对比强大的阿里，京东都靠快，实现了差异胜出。但实现快，并不是那么容易的，为此，京东面对同行的嘲笑，打造出的百亿元级智慧仓储物流体系建设的效率竞争力，最终让所有竞争对手大惊失色。在全网价格越来越透明的今天，京东秉持着"天下武功，唯快不破"的理念，让其他企业所形成的领先优势消失不见。快，是一种效率的极致体验，短距离运输环境下，相同价格，高铁的效率数倍于飞机和客运，使得飞机和客运在短距离运输上溃不成军。

客户锁定战略

客户锁定战略是指能够有效地锁定长期客户、大客户、关键客户，即使产品在某段时间内落后于竞争对手，但也都能保有极强的市场竞争力。比如，某企业服务公司，给客户提供某个工作环节的IT平台，通过线上化的方式帮助客户优化运营效率。产品平台技术领先，安装使用非常方便，卸载也非常方便，付费以年为单位。在大量的市场推广推动下，很快这家企业获得了大量客户。这样的企业看似发展不错，但实际上也很危险，因为它的便捷性并没有切入企业的内核，更没有很强的客户锁定关系，一旦有新的升级产品出现，或出现0元报价的恶性竞争者，客户群体转移平台也是非常快速的事情。

无论是工业品还是消费品，提高客户的迁移成本，本身也是重要的战略壁垒。这样的企业，要通过两个环节增强客户锁定能力。一是付款方式上，比如，可以根据产品的毛利情况，由年付变为给予重点客户3年减免1年费用的权益，看似损失了部分利益，但大幅提高了客户的迁移成本，哪怕对手采取0元竞争，也难以迁移你的关键用户，因为客户已经被锁定了。二是通过不断深化服务，延长服务链，增强客户对你产品的依赖性。除非有外部巨大诱惑，客户不会轻易改变使用习惯。这些都是客户锁定战略。

在产品更新迭代特别快的行业中，客户锁定战略极其重要，许多企业推行重点客户重度服务、会员制、系统深度嵌入，其核心都是锁定客户。锁定了客户，就锁定了竞争优势，就创造了自身产品不断升级迭代的时机。

功能领先战略

功能领先，顾名思义，即你的产品与其他同类产品相比，拥有创新的功能，并且具有不可替代性。

什么是创新？经济学家熊彼特认为，"创新"是推动经济发展的内在动力，并且提出了著名的"创造性毁灭"理论。如何创新？哈佛商学院克里斯坦森教授将创新分成两种不同的类型：延续式创新和颠覆式创新。

以苹果公司为例，我们来回顾其以创新为主的功能领先战略。20世纪70年代，苹果开发了整合所有部件的个人电脑Apple II，重新定义了电脑在人们生活中的角色，助推了个人电脑革命。20世纪80年代，苹果公司开发了鼠标应用以及图像用户界面应用的Macintosh，重新定义了个人电脑的使用方式，使其个人电脑业务得到了持续发展。20世纪90年代，苹果公司开发了iPod，重新定义了MP3（即音乐与电子设备的结合）。而iPhone不仅重新定义了手机（去掉了键盘，以全新的语言和交互模式呈现），更是开启了智能手机时代。苹果公司的每个产品，不管是从硬件上的Mac、iPod、iPhone、iPad，还是应用上的iCloud、iTunes、iOS、App Store，都在功能上领先于其他产品。也正是因为苹果的功能领先战略，使得苹果成为历史上第一家市值达到2万亿美元的公司。

所以，企业可以通过功能领先战略，构建自己的护城河，成为行业的领头羊。

品牌领先战略

品牌领先的例子数不胜数，许多消费品公司，能够脱颖而出的关键，就是塑造了一个能够在万千产品中脱颖而出的品牌。比如，矿泉水中，农夫山泉、雀巢、娃哈哈、怡宝、恒大冰泉，谁家的水才是真正的好水？各自的水源地在哪？水的成本高还是瓶子的成本高？这些理不清的问题，每每被热议，但最后并没有人深究。在消费者的场景里，我们自身的真实感受是，当我们走进超市，看到每瓶矿泉水价格差异不大的情况下，我们依然会选择那个"心目中"好像更好的那个品牌。

许多产品本质上是没有差别的，比如绝大多数的面膜、洗发水、沐浴液……成分都相同，但为什么消费者还是坚定地或不自觉地选择心目中最好的那款？实际上买的就是品牌及背后的故事。

如何塑造一个品牌，也大有文章。品牌绝不仅仅体现于对外宣传的商标或宣传片，其更多体现的是其品牌背后的产品、公司公信力。比如，一家上市企业和一家非上市企业，品牌可信度就不同。上市公司的产品，天然就让所有人有信赖感。再比如，企业有较强商业影响力的股东、有顶级的科创机构股东、有央企或地方政府股东等，都是增强企业品牌公信力的加分项。

资本领先战略

资本是各个行业中都不可或缺的生产要素，所有的交易环节，都是靠"钱"结算和推动的，因此资本优势，很容易被理解为钱多就是硬气。有钱的公司打不过对手，可以通过不断"烧钱"换取市场，有了庞大的资金后，貌似就可以在行业中立于不败之地了。但实际情况是，资本领先战略与一个企业有钱没钱没有绝对的关系。在商业实战过程中，资本领先战略需要企业家形成资本思维的领先优势，运用资本思维，发现实业中的资本价值，运用资本助力实业，灵活巧妙地实现产业与资本的互动关系，形成产融互动的能力。这是资本领先战略的关键。

比如，热度高的行业往往需要大量的资金投入，如果在这个市场中，社会融资成本高，那么，资本领先战略的公司便会跨行业，从全市场中去寻找资金富余、资金成本更低的行业，利于其自身的行业穿透力和资本通道，去跨行业调动资金，实现"南水北调"，以在这个行业中形成突出的竞争优势。仅仅这一项，就拉开了与市场对手之间巨大的差距，构建了自身的市场壁垒。再比如，在一个激烈竞争的市场中，一家企业只会在经营上"开仗"，与竞争对手打价格战、服务战、产品战、品牌战，打得昏天黑地，但另一家企业擅长资本思维，决定另辟蹊径，用资本整合的思路去构思如何化敌为友，结束恶性竞争，实现市场的统一，除了算产品账还算资本账。这样的企业家，利用资本领先战略，有能力把控行业的关键生产要素——钱。这在资金密集型的行业中，有巨大的竞争优势。

综上，我们讨论了七种领先战略，企业家们会发现，实现任何其中一项的领先，都足以经营起一家有着强竞争力、高价值的企业。但在商业中，最可怕的是，企业家的精力被各式各样的烦琐事务，被什么都学习学习、什么都提高提高的"均好"思维所牵涉。

我绝不反对企业家提升各方面能力，反而要强调，企业家就是要在各个领域中精益求精。但是，在广泛发力和集中发力上，企业家必须做好平衡，一定要在所有能力中获得一项在市场上的突出能力，作为自身的攻防武器，否则，"均好"会成为别人攻下我们阵营的最大弱点。企业家在起步期至少要塑造出某一项壁垒，用这一项独门秘籍去拿下更多的客户。成长起来的企业家，要形成多个壁垒。例如，实现"品牌壁垒＋客户壁垒＋资本壁垒"等多种组合壁垒，形成超强的竞争优势，推动商业的进步。所有的行业，越是在周期靠后的几个阶段，对企业的壁垒要求越高。有一项独门秘籍的企业，获取其对应的客户；有多项独门秘籍的企业，获取更大的客户群体；没有优势的企业，最终被解构、淘汰。

管理增长：控制力是企业战略实施的关键

我接触了许多企业，企业家觉得企业内部有很大的组织和机制问题。例如，员工没有积极性、人浮于事、部门间协同差、矛盾点越来越多……其实问到最后，问题实际出现在战略经营层面。

企业只要在增长，所有人聚焦发展，所有的利益是新增的利益，大家创造增量价值，分享增量收益，所有的问题都是发展的问题，大家积极乐观地面对和解决问题，企业欣欣向荣。但企业一旦停止增长，没有新机会出现，所有的收益就成了存量的收益，大家都在琢磨别人碗里的东西，外部矛盾变成内部矛盾，问题就会接二连三地出现，企业乌烟瘴气。

"增长治百病，在发展中解决问题。" 这是战略实践的真理。增长创造了一个企业的新空间，只有增长，一家企业才会有新的岗位和新的机会，才会让所有人向上看和向前看，而非盯着眼下、盯着关系，企业内部才会有源源不断的动能。只有增长，企业才有更高的资本价值，企业的价值才能够流动起来。如果房价停止增长，买房的人就会大大减少，只要房价还在上涨，买的人就会源源不绝。只有增长，一个企业才有生命活力，推陈出新、优胜劣汰，否则，这个企业会变得暮气沉沉，像到了快退休的年纪，仿佛经营就是为了完成一个早晚会结束的任务。

在战略上不断创造增长、控制增长，让企业这辆车能够稳定向前，是一位企业家非常重要的战略素养。战略能否得到越来越好的实践和执行，很大程度上考验着企业家的战略控盘能力。如何管理增长？有三个方面至关重要：

一是聚焦增长发力点，即寻找阶段性突破口，聚焦发力增长。

二是管理增长持续性，即有效地控制增长节奏，因为可持续发展至关重要。

三是增长中积累资源，即用发展的力量聚拢资源，以获得更持续的增长动力。

寻找阶段性突破口，聚焦发力增长

我们可以在哪几个点上聚焦发力，让我们的企业寻找到新的突破口呢？我觉得可以从四个维度考虑，分别是资源维度、时间维度、区域维度和产品维度。

资源上聚焦发力

在企业资源不足的情况下，必须有效地管理能够驱动增长的资源。比如，核心团队、投放市场的资金、品牌、交付力，甚至是企业家的资源和时间，都是驱动增长的资源。如何将这些资源都放在大事要事上，非常考验企业家的战略资源运用能力。许多时候，我发现企业家会"大炮打蚊子"，用一些战略类资源去办一些无关痛痒的小事，不但对业绩的增长贡献不大，还会消耗资源，得不偿失。企业在没有找到战略增长点前，宁愿守住资源也不要滥用资源。当找到战略突破点后，将资源聚焦发力在一个点上，形成合力，才能突破增长。

时间上聚焦发力

一个阶段，一年或者一个季度，是要有战略重心和策略的。对于小企业，什么机会都想抓住、都不想错过，会导致对待所有机会都得像撒胡椒面似的均匀分配时间，每个地方都匀速推动一点点，在推进的事情越来越多，但都没有落地和交代。战线拖得太长很容易形成组织的臃肿、投入产出不成正比。所以，企业家在某个阶段，一定要带着团队打出能做出增长的业务，要有时间聚焦，哪些业务是长期业务，放在下一个增长点，哪些是当下业务，必须马上产生增长点。仗要一仗一仗打，山头要一个一个拿下。

区域上聚焦发力

早年我在服务某国内地产龙头企业时，内部制定了城市前五战略。其战略内涵非常简单，即进入一个城市，必须聚焦力量成为城市地产销售额排名前五，3年内达不到这个目标，就撤出这个城市。这成了企业在区域聚焦的红线。你是在10个城市发力，每个城市只做三四个项目，耗费大量资源，不痛不痒没有影响力，还是主攻一两个城市，每个城市做深做透，做出影响力和地头力，这是区域聚焦的重点。许多时候，我看到企业家业务做得不大，但分散在大量不同区域，极大地增加了管理难度，也无法形成在某个区域的绝对影响力和持续穿透力。

产品上聚焦发力

企业家的产品创意是无穷的，也很容易陷入到创意的海洋中无法自拔。华为有一句经典的战略描述："向上捅破天，向下扎到根。"意思是做一个产品，向下要把产品和研发基础做得足够深，这样才有核心竞争力，向上要链接足够广的市场和空间，这样才有更大的生存空间。这与我们经常说的"大头针"战略不谋而合。所有公司，首先都需要一个能够精准快速扎到客户服务中的"针"类产品，当有效进入客户后，再去衍生裂变出更多的产品和服务，即所谓"帽"。否则，没有"针"的"帽"，是很难切入客户深处，形成牢固的服务关系的。

有效地控制增长节奏，可持续发展至关重要

假设A、B两家企业起步时都是1。

A企业，第一年增长100%为2，第二年增长10%，第三年不增长，最终系数为2.2。

B企业，每年复合增长30%，即1.3的三次方，约等于2.2。

从经营结果上看，两家企业3年后的结果是相同的，但哪家企业未来能够更好地成长？具备更好的运营体系及资本吸引力？显然，B企业拥有更强的企业成长控制力及持续性。

拿开车类比，突然把速度提到100码，再猛踩刹车降

速，乘客的舒适感一定不会太好。做企业也是如此，能否让公司进入持续增长状态，是一个掌舵人的关键能力。在目标设定上，企业家要理性地规划3到5年目标，不要贪大求快，平衡好短期和长期发展，每年既要保证当年的有效发展，还需要为下一年的甚至3到5年后的发展做铺垫。只有边增长边布局，把控好一个公司稳定增长的节奏，才能有效地管理增长持续性。增长的持续性会帮助企业形成更好的内外部发展环境。

对外部

无论是合作方、渠道商、投资人，公司稳步向前都是一个非常积极、可以预期的信号。每年都有增量，对企业的合作方、投资人的吸引力就会大大增强。资本市场专业机构配置多的公司，都是白马股。

对内部

持续增长的公司机会多，全体员工形成了跟着公司成长的惯性和心态，而不是一山望着一山高，总想着公司阶段到顶了，后面两年没增长，是不是换到另一家增长的公司中。

不要考验人性，不要指望所有员工都是长期主义者，只有持续，才能沉淀、打磨出一个真正有作战能力的团队。

聚拢资源，以获得更持续的增长动力

一个国家，必须要在风调雨顺时多囤积物资，以备发生动荡、风险、灾难时沉稳应对，企业亦然。

一家企业，遇到困难的阶段要远长于顺风顺水的阶段，企业最宝贵的时光就是那段快速、持续增长的阶段。许多企业，在顺境中常犯的错误，就是高估自我，对未来的预期超乐观，导致对大量的外部资源视而不见。这是自信心爆棚导致的发展错觉。一位企业家一定要清醒地认识到，只有增长过程中的企业，才最能吸引外部力量的加入，一旦企业停滞发展，外部力量就会迟疑，一旦外部陷入观望，企业的吸引力就会大幅下降。

所以，你在增长中一定要囤积资源、股东、人才、技术、资金、壁垒……只有囤积得足够多，当企业遇到阻力时，才能汇聚更大的力量发起第二轮进攻。

在自身感觉最不需要助力、不需要资源的阶段汇集资源，你才有能力在逆境中、在行业下行调整中弯道超车。这是一位专业级企业家应该体现出的企业经营智慧。

以上的战略五大思维，以终为始、重构边界、动态战略、塑造壁垒、管理增长之间环环相扣。制定好的战略好比一幅画，行云流水，酣畅淋漓！

一位专业级企业家必须是个战略家，将内外部资源运筹帷幄，在主次先后间灵活把控，"因事而化、因时而进、因势而新"。没有这样的战略视角，企业家就不是企业家，也无法成为真正的团队领导者。

04

产融互动，用资本思维催生商业裂变

企业价值高于产品价值

铺设企业市值的致胜之路

什么是资本思维，什么是产融互动

回顾之前的内容，如果我们把企业家的产业观比喻为大脑，那么战略思维就是企业家的右拳，资本思维就是企业家的左拳。而产融互动形象的比喻就是一套左右开弓、交叉轮动的组合拳。在商业战场上，一些人只会使用单拳，即便大脑构思得再好，也很难与对手的双拳抗衡。当然，双拳皆用，但节奏混乱者也大有人在，最终效果大打折扣，甚至败下阵来。

一位专业级企业家，只有左右拳攻守兼备，刚柔相济，才能最终在诸多竞赛中脱颖而出，取得最后胜利。

资本务虚吗？许多人把业务与资本理解为"实"和"虚"的结合。这样的描述一定程度上误导了企业家，容易让人将资本的运作理解为"务虚"或"不务正业"，认为"虚"在"实"面前可有可无，心理上轻视资本，这是严重的误读。也有些人，将资本单纯地理解为套利工具、圈钱工具，认为将企业包装一下，即可按20倍或50倍利润计价，实现数十倍的财富创造，打造一种虚幻的财富泡影。他们认为，资本是乘数效应，资本的创造就是为了变现。这是断章取义，误导思维。

从一亿中流自身的发展经验和大量的服务经验看，我认为，资本丝毫没有务虚成分，而是一种实打实的生产资源，一种在供研产销之上更高级的生产要素。如果企业家理解不到这个层面，一味谈资本操作，轻则夸夸其谈、自欺欺人，重则走火入魔、无法自拔。许多发生的资本惨案，多半如此。

务实的资本思维，是当今企业家不可多得的必备商业思维。

如何在商战中提高自己的资本思维能力，我提出"企业家的四大资本思维"，作为帮助企业家规划和运作资本的底层逻辑，与各位分享。

第一，价值实现。想实现产融互动，实现资本价值，首先要弄明白如何创造资本价值，资本价值实现的根基是什么。脱离健康根基的资本价值，最终都是泡沫。

第二，资源聚合。资本价值用来做什么？不仅仅是融资，资本价值最核心的功能是创造、聚合更高级的多元生产要素，推动企业发展、战略突破。

第三，产融互动。左右手如何轮动出拳？节奏把握上谁先谁后？完美的节奏是互为前奏，互为后手，轮动出击。

第四，规范平台。一个规范的平台，是一切资本价值创造和运作的开始，最简单的却是最困难的，这是对所有企业家的终极考验。

价值实现：公司基本价值塑造的三种资本运作模型

如何创造公司的价值？如何把一个"不值钱"的公司变成值钱的公司？实现资本价值的根基是什么？结合大量的商业服务经历，我模拟了一个标准化的企业原型，借助A、B、C三位企业家的不同资本运作思路，帮助大家简单明了地去理解资本价值塑造的根基，以及我们的预期与资本价值的创造真正的差距在什么地方。

同样一家企业，三种资本运作思路，资本价值大不同。

案例原型：生产型出口企业原始设计制造商，年营收额1亿元，税后年利润1000万元。公司前三大客户为行业知名企业，占总营收超过50%，合作关系稳定。公司产品交付水准一流，获得客户一致好评。大股东100%持股，公司回款情况较好、现金流健康、资产质地优良。

同样的企业，同样的条件，分别由A、B、C三位企业家出具三套运作方案，运作后A、B、C三家企业的价值千差万别。

A企业家直接给自家企业估值1亿元，进行对外融资，给出的条件如下。

条件一：估值1亿元，出让10%的原始股用于改善个人生活。

条件二：每年公司利润全部分红，如1000万元利润则投资人可分配100万元。

条件三：若3年后投资人有资金需求，可接受本金回购。

A企业家理由如下。

理由一：公司深耕行业多年，产品及客户关系稳定，基本面很健康。

理由二：公司虽然没有太多增长，但10倍市盈率不高，每年稳定回报10%。

理由三：公司现金流很好，如果投资人缺钱可以退出。

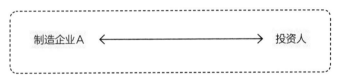

强关系：A企业老板与客户长期合作，私交很好
大客户：A企业50%以上订单来自前三大客户

A企业家方案

请问各位读者：如果你有1000万元富余资金，你是否会投资A企业？

这个案例在我的课堂上引起了激烈的讨论。许多企业家同学扮演的投资人，最终对这个企业持怀疑态度。投资人关

注的焦点如下:

企业能够保证每年1000万元的利润吗？创始人如果离开，大客户还会继续合作吗？公司的产品能够持续满足大客户的需求吗？产品和技术革新方向是什么？公司一股独大，如何保障小股东的利益？

10%的回报率高吗？相对于风险，10%的回报率，并不高。我宁愿买银行推荐的长期稳定的理财产品，获得5%的年化回报率，也不愿意入股有诸多不确定性的10%回报率。

公司创始人一股独大，小股东没有发言权，也没有董事会可以制约其行为。日后想盈利便盈利，想亏损便亏损，还是一家私人企业。

最终的讨论结果是，绝大多数同学投了反对票，原本有意愿的同学，也变成了观望派。

这样下来，A企业家很委屈：我经营的公司这么健康，难道都不值钱吗？自我反思：我们做的企业，又有多少同A公司处境相似呢？总觉得自己的企业发展很好，盈利很好，但在资本投资上得不到认同。

同等条件下，B企业家提出了不同方案。

在A方案中，投资人很大的质疑点是：客户是企业家的私人客户，当前的稳定更多的是由于"关系"，但关系是有诸多不确定性的，一旦企业家离开或交班都有可能出现大客户流失的情况。这时，公司别说稳定盈利，甚至生存都有可能成为问题。

而要解决这个问题，需要将对公司利益影响重大的关系转变为一种更可靠的商业关系。这也是B企业家方案的关键所在。

B企业家把若干战略客户，以相对优惠的条件（如净资产价格），引入公司成为战略股东，实现除甲、乙双方以外的更大的商业利益捆绑关系，让战略客户分享更大的资本价值。

以此类推，将对公司有重大影响关系的相关方（如战略渠道、供应链的客户）引入成为股东。由外及里，将对公

司有重大相关影响的技术负责人、市场负责人也引入成为
股东。

　　这个方案的核心，即将不稳定性转变成稳定性，将不稳
定的企业发展通过商业化手段，增加其确定性、稳定性。极
端情况下，哪怕出现企业家离开等重大风险，公司也可以照
常运转。

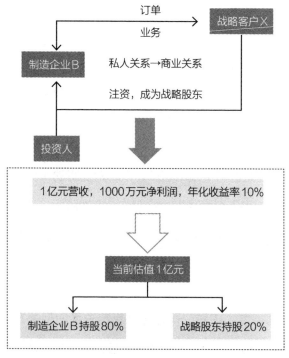

B企业家方案

这个方案的推出，增强了许多保持观望态度同学的信心，他们愿意深入了解入股细节，即1亿元估值，10%的股权投资，外加3年后的退出承诺。这笔能够获得相对稳定回报的投资，是值得考虑的。

核心原因就是这个投资的稳定性增强了。实际上，我们看到许多企业融资，给予投资人的稳定性承诺仅仅是对赌、回购，这恰恰是最不稳定的承诺。一个企业有没有对赌能力、有没有回购能力、有没有稳定的经营能力，才是投资人应该关注的重点。实现不了稳定发展，再好的公司，投资都是赌博。

从这个角度看，但凡能够对公司加强稳定性的资源，都是公司的战略性资源，对公司资本价值的实现都有重大意义，企业家绝对不可简单地以私人关系稳定一笔带过，而必须要形成一个除个人关系外更可持续的机制体系。

建立起一个稳定经营的系统，让这个企业可以有序地发展，对企业家的资本价值实现至关重要。

A企业家手上"没有"资本价值的企业，在B企业家手上，实现了1亿元的资本价值。B企业家走出这一步，就击败了绝大多数的企业家。

延伸这个话题，中国未来会出现多少个处于交班期的企业？出现多少个后继无人的企业？很多咨询公司、游戏公司、影视公司、工程公司、投资公司，哪怕现在一年收益数百万元、数千万元，离开了创始人即垮台。这样的企业，没有资本价值。

这些企业，企业家辛苦奋斗半辈子，但由于后继无人，只能黯然退场，这不能不说是社会资源的巨大浪费。实现了B企业家的架构，将企业塑造为可传承的商业载体，引入新的战略股东、新的操盘人，让企业继续下去，这难道不是某种意义的商业终极成功吗？企业生命周期大于企业家的生命周期。

C企业家自信满满，在B企业家方案的基础上，提出了第三套方案。

C企业家认为，光靠一个领导带领团队，做稳定基础的工作，是远远不够的，最多也就实现1亿元销售额，1000万元利润的稳定发展。在稳定的基础上，实现企业利润的可持续增长，更加重要。

C企业家看到了市场的现状：大量的同业竞争对手，其中有许多销售额在千万元级的小公司，没有技术、没有专业制造能力，仅仅是靠关系拿订单。这样的小老板，虽然眼下拿到了订单，但没有持续的产品提升能力，未来多半是迷茫担忧的。那么，为什么这些小公司、小老板还愿意单干呢？究其原因，就是拿得多，自主经营。

C企业家顺势推出了一个机制——外部合伙人机制。例如，外部合伙人负责锁定客户，以C企业的品牌签订订单，C企业负责持续地维护、产品升级，终身分享客户的50%利润。这套增长机制极大地推动了市场外部合作激情，虽然从短期看，降低了企业自身的盈利水平，但随着越来越多的外部合伙人加入，企业的制造规模不断增大，边际成本不断下降，企业产品影响力越来越大。在这样的增长推动下，C企业家的目标业绩如下。

基础：1亿元销售额，1000万元的利润。

第一年：1亿元存量，5000万元外部业绩；总营收实现1.5亿元，1250万元的利润。

第二年：假设第一年新增的5000万元客户为稳定客户，即存量1.5亿元，新的外部合伙人带来7000万元的增长订单，即总营收实现2.2亿元，1600万元的利润。

第三年：以此类推，新增8000万元合伙人订单，总营收实现3亿元，2000万元的利润。

综合看，虽然整个公司3年后，利润率从10%下降到7%，但总体营收规模上升了2倍，总利润水平也上升了1倍。

在增长机制推动下，C企业家给予自己的资本定价也不同了。C企业家提出，自身的资本价值1.5亿元，其理由很充分。

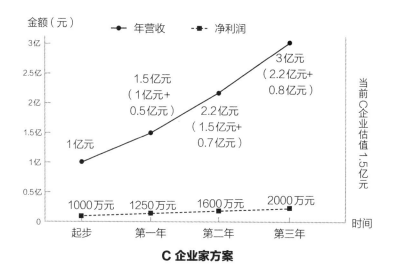

C 企业家方案

理由一：对比B、C两者的投资回报率，虽然C企业的现金分红部分只略高于B企业，但3年后，C企业的资本退出价值，与B企业不可同日而语。C企业的静态利润为2000万元，如果继续按照动态估值和持续增长预测计算，届时C企业的资本价值应该为3亿元，那么7%对应的资本价值，应该为2100万元，股权超额收益为1100万元。即便届时打折出售，那么也远高于B企业的退出收益。

理由二：如果投资人对C企业家提出的持续增长方案质疑，也没有关系。我们增加一个投资保障条款，即如果无法如期实现增长，最保守情况下没有任何外部合伙人加入，那么继续实施B方案，即通过股权补充的方式，增加投资人对C企业的持股占比。

C企业家提出的资本方案，在业绩增长和对赌业绩增长的双保险措施推动下，极大地调动了现场企业家同学的投资热情，随着报名投资的企业家同学越来越多，C企业家对自身投资价值的认知也水涨船高，甚至开出了超过2亿元的资本估值，但经过同学们的详细测算，依旧毫不犹豫地投资C企业，而非B企业。

结论清晰而简单，在稳定基础上，C企业的增长让投资人更有想象空间，哪怕估值更贵。

A、B、C代表了截然不同的三种企业，同样是在一个基本面完全相同的企业载体内，面向未来，采取完全不同的资本策略，产生出截然不同的资本结果。

A企业家的股权无人问津，B企业家实现了股权的无价值向有价值过渡，C企业家将股权变成了香饽饽。

通过这个案例，告诉我们一个极其简单但有益的结论：企业家实现资本价值的前提，是在战略上做出一个"稳定＋增长"的基本面。否则，资本的高楼，就没有坚实的根基。

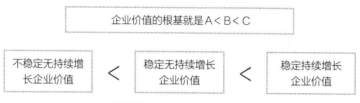

企业价值与稳定增长的关系

资本愿意为确定性买单。一个公司发展历程中，早期遇到了大量的不确定性，因此，估值、价值就变得不可捉摸，企业家对企业未来发展的判断，是"仁者见仁，智者见智"。但一个公司一旦形成了确定的发展，比如，"确定"会成为行业龙头，"确定"能够冲上资本市场，这个时候，投资人给予企业的价值评估就会大大增加。

我们细想：为什么会有万亿元资金涌入P2P？道理不就在于，老百姓们对年化12%的回报认为是"确定"的吗？当然，P2P的商业模型根基是不合理的。管理10亿元资产，有可能你能确定获得超过12%的回报；管理上千亿元资产，就没人敢说能获得12%的回报了。

企业价值的根基就是"稳定＋增长"。当有了企业资本价值后，我们才可以谈论，如何"产融互动"，如何实现左拳和右拳的攻守兼备。

资源聚合：以企业价值为杠杆，撬动企业成长力量

资本价值可以用来做什么？不仅仅是融资，资本价值最核心的功能是创造、聚合更高级的多元生产要素，推动企业发展、战略突破。

企业的壮大需要大量的"关键要素"

高级人才、核心技术、市场渠道、大客户、品牌背书、流量资源、政府力量、资金资源以及各行业特有的研发、生产、销售等都是关键的生产要素资源。

一家企业的成长壮大，一定程度上就是一家企业寻找这些力量、组合这些力量的过程。但如何将这些资源吸引到企业内部？这是绝大多数企业家的痛点和难处。

实际上，这些资源是广泛存在于各个行业中的，只不过，在企业家寻找它们的同时，它们也在选择企业家。这些资源，需要具体落在企业身上才能产生价值。那么问题来了：哪个企业能够给这些资源创造更大的价值和回报呢？如果企业家不擅长从这个角度思考问题，就无法与资源进行对话。

比如：在一个战略市场资源方面前，A企业家给出市场销售额5%的激励；B企业家给出市场销售分段激励，1000万元以内3%，1000 万元以上7%；C 企业家给出市场销售额4%，但客户终身激励。在这个层面上，战略市场资源是难以取舍的，本质上都在算一个维度的账，无非是早拿晚拿、怎么拿的问题。

但此时，D企业家给出了完全不同的方案。如果能够持续帮助D企业，形成稳定的战略合作关系，并能做到第一年

1000万元，第二年1500万元，第三年2000万元，年年递增，那么，给予的方案为：每年销售额4%的激励，外加2%的股份认购权，这个认购权可先锁定股份，待走向资本上市通路后缴款，增强战略合作方的安全感和确定性。这就是完全不同维度的第四套方案。

对战略市场资源而言，D企业有资本价值，有稳定且持续成长的预期，如果能形成与D企业共同成长的合作模式，在乐观预期下，企业能够实现未来上市，或被并购。所获得的资本价值收益，将是数倍的当下销售激励。在相同的产品条件下，D企业方案就可能大概率胜出。

而如果D企业按此方案寻找了5位战略合伙人，便有可能实现5年后1亿元以上的增长，资本价值大幅增加。是谁成就了谁？看似5个战略市场资源加持了D企业，但从另一个角度看，又何尝不是D企业帮助了5位战略合伙人，大幅释放了其市场资源的价值呢？

一个企业家，如何利用股权平台去裂变资本价值？我从向上延伸、向下裂变、空间张力三个方面来论述。

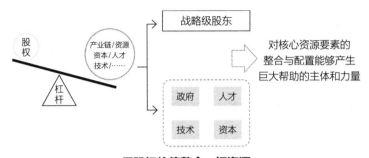

用股权价值整合一切资源

向上延伸：以股权为核心平台，聚拢势能

"公司"这种形态的发明，是人类历史的伟大发明之一。它极大地优化了社会进步的组织形式，用公司、公司法、制度、合伙、运营、分配等一系列形态，让一群人能够组合在一起，为了一个目标去努力。

但是，许多企业家开公司开成了个体户，完全没有发挥公司"组织资源"的价值，不会以股权为纽带，以公司为平台，去聚合大量的关键要素，总是单打独斗，最终成功的概率大大降低。

股权绝对不仅仅是融钱的平台，企业家要以股权为纽带，将股份合理分配。哪些是用于增长的力量，是何种增长

的力量，哪些是有助于稳定的力量，能在哪些方面帮助企业
稳定发展，这些都需要企业家理清楚。合理的分配，需要合
理的方案。

股权是工具，公司是产品。如何把公司这个产品推广
出去，如何用股权这个工具将人与人、资源与资源链接在一
起，使得结构效率大于运营效率，是企业家需要思考的问
题。在特定的场景下，公司的股东结构效率远大于经营的运
营效率。一个战略股东的引入，可能对公司的效益提升发挥
十倍、百倍的价值。这是企业家务必考虑的关键战略。

向下裂变：以业务为核心，创造新增长平台

所有企业家，都必须与时俱进，根据市场趋势和客户需
求的变化，不断推出新的产品，开辟新的边界，涉足新的符
合未来发展趋势的业务。因此，企业家也同样要学会运用股
权向下创造价值，聚合战略资源，开辟新的增长空间。

资源的用途不同，属性不同，能量也不同。哪些适合参
股，先以参股的方式进入新业务领域，以自身能力与他人的
未来发展紧密捆绑在一起。哪些适合控股，以控股方式增大

自身的业务范畴，形成 1 + 1 大于 2 的业务版图。哪些适合合资，共同孵化一个新的业务领域，加强与产业生态伙伴的战略链接。哪些核心团队适合在母公司激励，哪些团队适合在子公司激励，哪些资金和资源适合参与整个公司的全盘子发展，哪些适合参与在下属某个子盘子的业务……

所有企业家，必须有序地规划资源要素的流向。让企业向下不断生根发芽，基于一个母体，长出越来越多的丰盛果实。不但要将自己股权平台向上、向下的骨架拉开，更要学会如何将正确的资源要素匹配到正确的位置上。

空间张力：企业家的想象力和运作能力，决定了股价

企业家开辟新业务、新市场、新边界的能力，称为想象空间。想象空间不是吹牛，是基于稳定、成长的现实业务，向未来延伸的部分。一个企业只有实现了"将过去的想象空间变成当下现实"，取得了内外的信任与信心，对未来的想象空间才能发挥真正的效力。否则，说出再宏大的目标，最终只会加重内外的忧虑与不信任。

空谈理想的公司是不可取的，但同时，过分"踏实"的公司同样不可取。一些企业家，只谈现在不谈未来，得过且过的战略状态，对自身资本价值就会形成巨大消耗。

有逻辑地规划未来的发展战略，"长期大目标，中期阶段战略，短期高效执行"，让所有的资源力量看到股权未来的长期价值和想象力，让大家减少对短期的关注，更多地把视线引导到中期和长期上，股权即会释放更大的价值。否则，无论对上还是对下，一旦股权的单位价值被贬低，对资本价值的释放与资源要素的聚拢都会产生非常不利的影响。

啤酒需要适度的泡沫，喝起来口感才会更好，想象力就是这适度的泡沫。

产融互动：互为前奏，互为后手，轮动出击

以稳定且持续增长的产业根基为前提，当企业家学会将自身的企业平台塑造为一个有价值的平台，并以股权为纽带吸引大量外部资源向这个平台注入力量时，"产融互动"这样的高级战略，便开始真正发挥它的战略价值，在商业战场中发挥降维打击般的奇效。在之前所讲述的A、B、C三家企业的案例中，C企业构建了资本平台，与A企业必然会拉开差距。

制造企业 A、C 表现对比表

	制造企业 A	制造企业 C
增长动力	老板依靠私人关系获取订单，业务稳定性存在质疑，企业没有持续的增长动力	与战略级客户建立了更稳定的合作机制，建立平台化组织，通过组织机制推动业务的持续增长
稳定性	与客户没有形成稳定的商业合作关系	与客户形成稳定的合作关系
想象空间	单一客户，业务单调，想象空间小	客户多元化，通过"融资—扩产—再融资—再扩产"，不断延伸业务链条和增长空间
运作能力	无资本运作思路	以股权为纽带，整合各方力量注入平台，推动平台更高质量快速发展

C企业拥有了资本平台，而A企业还在原始状态，在商业竞争中，C企业就会对类似的A企业发动一轮又一轮的降维打击。

在市场份额上，C企业有资本运作的平台，有更多的激励手段，去激励市场渠道、合作伙伴向自身靠拢，一同分享C企业未来的成长增值空间。

要实现资本推动，我们必须以稳定的产业根基为前提：

一是稳定的经营模式，而非不确定的经营模式。

二是明确的业务增长方向，而非不确定的增长方向。

三是有效的战略资源储备，而非不确定的基础。

拥有了稳定、确定的产业发展基础及预期后，资本运作才能大显神通。

在本篇的第一节中我们讲过，资本追逐有确定性的企业。确定性，是在一个竞争赛道中，资本为每家企业打出的成功概率分数。一家企业的发展越是大概率能够脱颖而出，资本就越愿意将筹码压在它的桌上。

资本就像牌桌，坐在牌桌上打牌的牌手是一位位的企业家，而在牌手背后下注的人就是资本机构。成熟的资本机构，会利用自身的信息优势和研究优势，研究每个人的底牌和牌手的能力，将筹码压在最有可能胜出的牌手身上。

不成熟的投资人，只看到了他面前的牌手，而看不到其他更有可能胜出的牌手，最后下错了筹码。

同样，作为牌手的企业家，当自身掌握了阶段性优势，以及专业的出牌策略后，也要善于寻找背后最有势力，对自身最有帮助的资本提供方，将筹码吸引到自己这方，用压倒性的优势，获得最终胜利。

当然我也看到，不少不成熟的牌手，空有一手好牌，而无法将它转化成在牌桌上的优势，不会打牌，更不会聚拢筹码，反而骄傲地拒绝筹码，将本应属于自己的筹码推给了押注对手，将一手好牌活活打烂。

企业的发展，要在确定性的基础上，借助资本的力量，实现再加速的发展。这是在商业战场上压倒性胜出的打法，不给追赶者留下机会，甚至利用资本的优势瞬间超越前方的企业家。资本的魅力，就在于"用未来的钱，办今天的事"，用正常经营需要数年才能积累到位的资本，在短短数月中筹集完毕，并迅速实现业务扩张。这极大地缩短了战略实施的时间，为基本面健康的企业的最终胜出，发挥奇效。

在传统的商业竞争中，太多的企业家，习惯于慢慢发展，跟着市场走，跟着自己的节奏走，殊不知这样的运作方式，就算发现了新大陆，等到登陆时，也会发现新大陆早已人山人海，市场由蓝海变成了红海。现代商业竞争，不论是谁最先发现的新大陆，没有资本力量的助推，也只能淹没在行业历史中被人遗忘。即使没有最先发现新大陆，但利用资本的力量，也完全可以后发先至，率先登上新大陆。

当然，战略加速的目的绝不是为了融资，获得资本，而是为了加速实现战略目标。因此，不能资本到位了，船就停止了，以为融到了钱，就高枕无忧，可以慢慢开到新大陆。这也是许多创业者失败的原因：躺在了资本温柔乡中，一轮又一轮资本的注入、资源的注入，让创业者忘乎所以，不关注战略的持续落地执行，反而认为自己已是产业王者，已最先登上了新大陆。

这种情况比比皆是，这些企业最终成为资本的弃儿。一旦各方力量发现，你已经躺在虚幻的想象世界中，只会描绘幻想中的新大陆，而不是脚踏实地加速奔跑时，资本的目光会迅速转移到下一个可能胜出的赛手身上，用大家的力量，以最快的速度超过你。

这就是"战略加速"：战略与资本，互为前奏，互为后手，轮动出击。好的企业家，对战略与资本间的关系和价值，长袖善舞，并能实时理性地处理彼此的关系，不狂躁，不气馁，抓住一个个契机点，用战略驱动资本加入，用资本驱动战略实现，不断反复。这才是商业的魅力，才是人类现代商业社会的魅力。

当然，战略加速中仍有太多的实操细节需要考虑，比如：资本运作启动的时点是什么？寻找什么样的资本力量？去哪寻找这样的力量？如何处理好与各方资本力量的关系？在何种情况下，要考虑某些力量的退出？等等。

战略与资本的游戏，是一堂精彩纷呈的商业大课，值得企业家投入时间和精力，深度学习，身体力行。

常见的企业估值方法

许多企业家都会问我：如何为当前的企业定价？这确实是个专业和复杂的问题，当前比较通用的，有以下几种估值的方法。

第一种是DCF（自由现金流折现）估值，即通过对当下自由现金流的折现计算，反映公司内在价值的本质。这是最重要与最合理的估值方法。但这样的方法，对未来自由现金流的估计不准确，受折现率影响巨大。

第二种是P/E（市盈率）估值，即以盈利为基础，评估未来的企业盈利增速。但盈利不等于现金，受会计要素影响较大，一旦公司仅看盈利数字，就可能以高负债或高风险业务为杠杆，获取高风险的收益，而忽视了公司健康发展的价值。

第三种是EV/EBITDA（企业价值倍数）估值，是"企业价值"估值，接近于现实中非上市企业的估值。但这样的估值加入了许多会计要素，且对许多复杂、多元的公司评估效果不佳。另外，这样的估值复杂度较高，不容易被普通投资人和企业家理解。

万变不离其宗，所有的企业估值方法，核心都在力图还原一家企业真正的当下基本面和未来变化空间。既然复杂无法解决问题，那我们就用简单来取得答案。我们引入一个基础的评估公式，虽不严谨，但很实用。

动态资本价值的计算方法

（1+2+3）/3×（复合增速百分比/2×100）=动态资本价值。"（1+2+3）/3"指的是企业3年的利润总和除以3，即3年的平均利润。哪3年？可以是去年、今年和明年，也可以是今年、明年和后年，也可能是明年、后年和大后年。为什么采用不同的数据采选年份？对于确定性增长更强的公司，更愿意选用未来的数据，对企业家有利；对于增长存在一定不确定性的企业，更愿意采用过去的数据，对投资人风险更有利。定价就是对话，是共识也是博弈的结果，取决于谁更强势、谁更有把握。

如果没有利润呢？那就将营业收入还原利润，即理应获得的利润，但因为处于扩张、发展阶段，战略投入影响了当期盈利，这样计算有助于获得公司未来的发展价值。很多互联网公司，前期大量补贴用户以培养客户消费习惯，造成短期账面的大量亏损，这样的情况，就适合将现在的业务，还原为一个虚拟的利润，以回归正常经营阶段的盈利能力。一个企业最终经营的核心都是盈利，最客观的评估也就是最终的盈利能力。

"复合增速百分比/2×100"指的是一个企业3年的平均增速。如果平均增速是30%，那么这个数字就是15；如果平均增速是100%，那么这个数字就是50。

这个数字绝对客观吗？不绝对客观，一个早期的企业，业绩基数低，就算连续100%的复合增长，企业的价值也很难用增速衡量。企业在规模很大的情况下，即使复合增速只有20%，但依旧可能获得极高的估值倍数，甚至可以达到40至60倍。比如，当前的贵州茅台，其确定性的龙头地位及超大的业绩吨位，都让其价值更为确定。因此，以增速的估值倍数并不能解释所有情况。

如果第一年10%，第二年80%，第三年-20%，增长不稳定情况如何评判？这确实给评估企业价值带来难处。一个企业的增长不稳定，会让外部投资人怀疑这个企业的稳定可持续发展能力。所以在前面的篇章中我也讲到，要管理增长，增长越稳定、越持续，价值评估就越大。就像贵州茅台，提价的节奏稳定，产能上升的节奏稳定，投资者就能很好地预测其未来的规模和盈利性。

以上的两个环节相乘，便得出了一个企业最简单的估值模型。假设今年、明年、后年3年的利润分别为500万元、1000万元、1500万元，那么平均利润是1000万元，企业的复合增速是70%，平均倍数35倍，评估这个企业当下的估值，3.5亿元是一个可以考虑的数字。

当然，还要考虑行业的空间、周期阶段、企业的操盘运作能力及行业的领先优势等因素，这些因素都会影响3.5亿元这个价值在不同人心目中的价格。

假设以3.5亿元作为这家企业当前的估值，那么稀释10%的股份，融资3500万元，用于未来快速的扩张，其企业的发展就有可能实现70%的复合增长。而一旦企业完成了预计的增长目标，那么下一阶段，企业将在新的平台，展开一轮新的资本评估和资金引入，以此循环，这就是企业产融互动的基本形态。

任何公式都难以100%地还原一个企业当下真实的价值和

未来可能的价值，否则，就不需要这么多优秀的创业者，所有的投资人也都可以凭借公式躺着赚钱了。

无论用何种估值，最终都脱离不了计算一家公司是否具备稳定的盈利能力及未来长期发展空间，这是所有公式力图分析寻找的真相。一位企业家，需要让足够多的人坚信你有创造价值的能力，能够不断开拓企业新的发展空间，用"高维战略"不断践行并达到目标，体现出企业价值的真正内涵。

规范平台：千里之行始于足下，规范无价

许多企业家都会困扰，懂得了资本价值的重要性，但一家公司的资本运作，从何做起呢？实际上，踏出资本运作的第一步，并不困难，但企业家要算大账，算企业大账，算经营大账，算人生大账。

在一亿中流多年服务企业家的过程中，我越来越意识到，所有的企业资本运作，首先需要塑造一个规范的企业平台。塑造一个规范的企业平台，有三个层面的含义，分别是财务规范、治理规范和运营规范。

财务规范

许多企业为了节约"成本"，往往采取千奇百怪的避税，甚至偷税的方式。在真实的商业环境中，这种行为屡见不鲜。走现金账、走私人账、拆分成若干个业务主体而形成彼此关联关系等等。这些方式，短期确实有不少收益，但实际上，对一个企业和企业家而言，损害是极大的。

企业财务不规范，就意味着企业有两套账，一套给外面看的账，一套企业家的内部账。这样的运作方式，直接破坏了企业所有资本运作的前提基础。试想：会有银行愿意给有两套账的公司贷款吗？会有投资机构愿意给有两套账的公司投资吗？会有合伙人愿意成为一个有两套账的公司的股东合伙人吗？经营一家公司，连真账都看不到，这是合伙、合股的大忌。一切所谓的增长、前景、利润等资本运作的前提数字，都在这个问题上灰飞烟灭了。哪怕两套账的差别并不大，但真和假有本质性的区别。

更深更大的影响不仅体现在资本上，还体现在企业家的心态上。两套账的存在会造成企业家长期"见人说人话，见鬼说鬼话"的心理状态。一个规范的财务体系，能够营造一个看真报表、做真企业的经营行业，亏也明明白白，赚也明明白白。虽然在市场竞争中，规范的企业可能比其他不规范的企业增加了成本，但这倒逼着企业提升战略、塑造真正的竞争优势。此外，心理账户的"亏损"，实际上倒逼着企业家必须寻找提高企业资本价值的路径，既然我支付了合规的成本，那么我就要去获取合规的收益，寻找银行的支持而非民间资金、寻找股权融资的机会而非短期债权、寻找更多的战略股东和合伙人的加入而非做"黑箱子"单打独斗。

许多事情，有紧迫感了，就容易实现。不慌不忙，时刻想着等明白资本运作思路后再规范不迟，这种无形的心理暗示，对企业家自身而言毫无裨益。在国家治理制度越来越规范的大背景下，无论从自身发展角度还是合规合法角度，财务合规，都是一开始就必须做的事情。

治理规范

现代商业社会，因为治理不规范而导致企业停摆的事越来越多。许多企业家、投资人，都在这方面吃了大亏。

许多企业家、国内的小投资人都很好奇：专业投资机构，特别是海外专业投资机构的投资协议为什么厚厚一沓？不就是估值多少、投多少、上不了市怎么退出吗？实际上，专业的投资人更需要扮演一位专业的企业家。一位企业家如何有效地运营公司，投资人作为股东方，如何保障自己的"治理权力"，这方面大有文章可做。

遇到哪些问题，投资人有表决权，有否决权？哪些行为，是企业家坚守的红线？遇到问题，适用哪些解决规则？……这些问题，很大程度上都是治理层面的问题。企业家要高度重视公司章程。国家强调立法和守法的重要性，一家企业的章程，就像一个国家的宪法。

遇到问题如何表决、利益分配的规则是什么、各机构的职责是什么、股东的进入和退出规则是什么、公司注册资本多少、承担的责任主体多大、各个股东的权益如何保障、股东使用公司资金的红线原则是什么、什么情况下公司可以注销、"董监高"如何履行忠实义务和勤勉义务、如何让投资者和股东及高管达成共识等。这些问题，平时碰不到，但一旦碰到，都是大事。许多公司业务经营发展基本顺畅健康，但在核心治理层面出了大问题，最终功亏一篑。

企业家要规范股权层面的运作规则，严格按照法律和公司章程的规定进行股权流转，保护有限责任公司中其他股东的优先购买权，发挥股权流转在企业募集资本、优化资源配置中的积极作用。企业家一定要建立一套规范决策机制，对企业的重大事项不要一言堂，切记谨慎决策，谨慎实施。在企业发展的早期阶段聘请律师顾问，在企业发展较有规模后聘请专职法务。这些都有非常重要的现实意义。

运营规范

在这里我讲的运营规范，并不是制度流程规范，而是一个企业的自身运转体制的规范理性问题。

一家企业，有别于"个体工商户"，是一个组织，要具备超越个人意志的组织意志。个人有喜怒哀乐，有亢奋期，有疲惫期，这些都是经营企业的大敌。

一位企业家具不具备理性的自控能力，是评判一个领头人是否合格的重要标准。很多时候，一个有价值的公司仅仅依赖一个理性的个人掌舵，是很难保障一个企业持续发展的。

因此，我们追求组织理性、企业理性。一个企业能否将企业家的理性思维最终转变成一个组织的理性思维，是评估一个企业是否具备长期价值的重要标准。我把这样的组织理性，更多看成一个企业自身形成的、规范有条理的运作体系。

对管理的理性规范

比如，一家企业到年底要做战略及经营复盘，要对中期战略进行优化，要制定下一年度的经营规划和预算，要制定下一年度的绩效目标和组织分工，这些是雷打不动的基本规范动作。不能因为企业家业务繁忙，甚至是偷懒省事就可以忽略或随意安排。再比如，一个企业的月会、季度会、经营复盘会等，都是一个企业不断保障其稳定运行的基础，企业家不能随心所欲地说出："你们管吧，告诉我结果就行。"这是逃避职责，长此以往，公司最终会陷入无序和失控状态。

对业务的理性运营

业务的发展，不应随着个人的乐观或悲观情绪而转移。如前面篇章讲到的，一个企业要顺着产业升级的大势，顺着行业周期发展的趋势，借助产融互动的力量，理性地评估自身各个阶段的发展节奏。是先做出单点效率，击穿一个市场，还是多线出击，全面布局，这是由企业发展的客观节奏决定的。错过了最好的节奏，跑快了消耗资源，跑慢了贻误商机。

对人的选用育留保持理性

对人才的选用育留，对干部的任用，对核心管理层的安排，是一个企业重要的决策安排。但我看到许多企业对人的任用态度十分随意。排除掉业务的影响，今天说一个人好，明天就说一个人不好，全凭自身的喜好和某个事件，没有建立起一个理性的、规范的用人评价机制和人才选用的考评决策机制。这样的公司，不但不会给有理想、有干劲的人一个梦想平台，还会给不少溜须拍马、不干实事的人钻营投机的空间。需记住：理性的，便是规范的；规范的，就是理性的。

价值实现、资源聚合、产融互动、规范平台即为资本的四大思维。资本价值的实现，无异于创造了数十个当下的静态企业经营价值，拥有无穷魅力。但是，需要再次强调的是，企业价值的实现，一定是基于扎实的企业基本面和长期可持续的增长空间。产是7，融是3，本末倒置的运用，资本价值就成了空中楼阁，成了企业健康发展的障碍；只有正确运用，才能开出绚烂的产融之花。

拓展延伸

高维战略

很多时候，企业家当下的迷茫和困惑，实际上是由于战略上没有站高一线，没有用顺势借力的思维来破解当下的困境。企业家要想获得突破性的发展，就必须拥有"高维战略"。

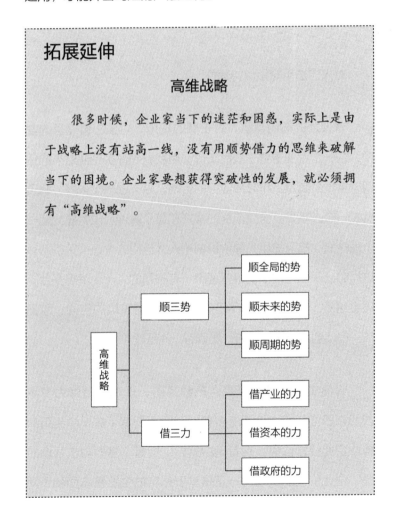

后 记
我想和你说说一亿中流2035

在陪伴众多企业成长的过程中，我发现企业的成长，本质上是企业家认知的升级和突破。

中国经济走向2035的过程是企业竞争水平不断升级的过程，真正比拼的不是资源、资金、关系和运气，而是一位企业家与另一位企业家的认知水平。

一亿中流在短短数年时间里实现了数十倍的成长，有顺大势的原因，也有借大力的原因，但更重要的是，得益于我和一亿中流团队"自我升级与进化"的理念和能力。否则，仅凭大势和外力赚取的财富，终究会因为自身能力不足而原数奉还。

因此，我发起创建一亿中流2035战略私董会这个工程，目标是聚集3000位以上企业家赛手，将我过往近20年的企业战略及资本运作经验，毫无保留地传授给企业家，帮助他们实现认知能力与实操能力的大幅跃升，成为面向2035的专业级企业家赛手，持续推动企业经营成果的扩张与公司价值的大幅提高，穿透周期，成为未来中国各个细分领域的中流砥柱！

一亿中流2035 战略私董会是什么

它是一个面向2035年的长期主义的践行计划

为什么是2035年？ 2019年，我与同事商量，希望发起一个超长期的、重度的陪跑计划，这不是传统意义上的商学培训课程，而是一个"长坡厚雪""与一群人共奔未来"的超长期赋能计划。

当时有同事问："长是多长？ 1 年？ 3 年？"

我想了想说："15 年。"为什么是15 年？

首先，坦诚说，我作为这项工程的发起人，要先保证我能全身心地投入这15年。到2035年，我50岁，知天命的年纪，50岁之后，我能否保持如此大的热情投入这场愿景长跑，还不得而知。但在奔向2035年的征程中，应该是我最具成长进化能力、最具热情投入的人生阶段。

我的成长、一亿中流的成长、我的积累与阅历、我的思想活力与奋斗动力，能够与这个时代同频共振，与这个时代精彩共舞！这是我这15年不断前行的核心动力。

其次，要想完成一项有意义、有价值的事业，而不仅仅是为了养家糊口、赚钱潇洒，一亿中流2035战略私董会需要一批具有"长坡厚雪"精神的创业者共同参与。

企业家需要摆脱短期主义和投机式的发展模式，而作为企业服务机构的一亿中流，更应该摆脱依赖"赚短期知识信息差"和"知行不合一"的服务方式。这需要我们共同完成一场商业马拉松。十年磨一剑，砺得梅花香。

最后，更重要的是，2021年我国制定了《中华人民共和国国民经济和社会发展第十四个五年规划和2035年远景目标纲要》，明确提出了到2035年基本实现社会主义现代化的宏伟目标。一个国家以15年为长期规划，作为创业者，我们更应该在国家大势中坚定前行，共同奋斗，去见证2035这一个高光时刻的到来！

2035，对你我，都必将是一个重要的时间坐标！

它是一次站在更高维度上为赢得未来进行的深度修炼

为什么称"战略私董会"？更准确地说，应该称它"高维战略私董会"。一亿中流正是这套独特发展战略——"高维战略"的开创者。我相信每位企业家都能深刻感受到，在过去30年中国创业大潮的洗礼和演变中，企业家之间在运营层面的本质差异已经变得很难区分了。创业精神、高强度的时间精力投入、降本增效抓管理的能力、模仿学习竞争对手的速度、费尽心思但难以形成本质差异的竞争力——在这些维度的能力比拼，可以说已经达到了极限。我们将这些过去的战略方法统称为低维战略，也就是在运营效率层面的战略。

在这个维度，即使你能在运营层面暂时形成差距，也很快会被模仿和超越，最终陷入同质化竞争的困境中。这就是为什么如今很多企业家对未来感到焦虑和困扰的真正原因——发展方式已经高度同质化了。

中国的众多企业家急需一套更高维的战略思维体系，来指导未来的超越发展。

结构效率大于运营效率

在"高维战略"课程中，我把这套思想概括为"顺三势、借三力"。

顺全局的势：是开天眼，看到产业的无限可能。

顺未来的势：看产业终局，解构产业终局。

顺周期的势：学习行业七段周期，与周期共舞。

借产业的力：产产借力、产金借力、产技借力。

借资本的力：塑造C平台，借助C平台聚拢一切资源。

借政府的力：借助政府财政、土地、金融、市场等力量壮大自身。

对于绝大多数企业家而言，宏观经济与我们的关系没有那么密切。在上百万亿元的国内市场和数百万亿元的海外市场中，这个世界不缺新的趋势机会，也不缺市场、资金，更不缺人才。许多企业家将企业经营中遇到的困难归咎于内外部环境，这实际上是一种逃避。

本质上，我们缺少的是一个能够摆脱困境循环的更高维的经营方式和操盘能力，缺少的是站在更高维度、顺势而为、调动力量的能力。

因此，在一亿中流2035战略私董会中，我要助力大家培养以下六种至关重要的能力：

1. 打开产业边界，发现更多机会的能力。

2. 发现产业趋势与把握赛道机会的能力。

3. 把控产业周期，与周期同频共振的能力。

4. 组合产业要素，从单点做链条，从链条做生态的能力。

5. 塑造公司平台价值，容纳各方力量的能力。

6. 紧跟国家大政方针，借国家之力共舞向前的能力。

这六种能力从根本上形成了企业家在未来竞争中的能力鸿沟。

有些企业家会问，那么管理、文化、营销、品牌等方面的能力不重要吗？当然重要，但我清楚地知道，"向管理要效率，向战略要胜利"。

管理能力是优化问题，甚至可以通过聘请专业管理人才来解决。但"高维战略"能力是有无之别，是让一位企业家真正脱颖而出，形成竞争优势的关键。

如果没有企业家顺势借力、乘风破浪地增强公司的实力，实现持续增长，那么文化传承的土壤、品牌壮大的基础、管理优化的机会以及员工成长和共富的前提就不存在。

我们不能本末倒置。"高维战略"看似是务虚，却是最大的务实。管理很真实，每天都在发生，看似很务实，却可能是最大的务虚。公司如果不成长，结构如果不突破，"管也白管"。

这不仅仅是一堂课，更是以企业家自身的六种能力修炼为核心、以企业增长价值为成就的一趟旅程。这不是一次短暂的相遇，而是一场携手奔向2035的长情陪伴，为国家2035远景规划的实现，贡献我们人生价值的浪漫旅程！

最后，对于那些在各个课堂中不断充电的企业家朋友们，相信你们能发现这次相遇的价值，珍视这段缘分。用一句网络语来表达："宇宙的尽头就在一亿中流2035战略私董会。"请相信我，这将是你通往2035最不能错过的一段商业之旅！

一亿中流集团董事长

一亿中流2035战略私董会成员分布

总人数1195人，总营业额破1978亿

上海市 69位企业家学员

安徽省 15位企业家学员

河北、河南省 23位企业家学员

香港 6位企业家学员

京津冀 19位企业家学员

四川省 16位企业家学员

广西省 9位企业家学员

加拿大 1位企业家学员

意大利 3位企业家学员

马来西亚 2位企业家学员

冰岛 1位企业家学员

哈萨克斯坦 1位企业家学员

澳大利亚 2位企业家学员

非洲 1位企业家学员

江苏省 58位企业家学员

江西省 16位企业家学员

湖南、湖北省 27位企业家学员

陕西省 32位企业家学员

福建省 15位企业家学员

甘肃省 1位企业家学员

山东省 53位企业家学员

云贵省 13位企业家学员

重庆市 6位企业家学员

东三省、内蒙 21位企业家学员

山西省 3位企业家学员

海南省 6位企业家学员

广东省 374位企业家学员
广州：98位
深圳：187位
东莞：23位
佛山：24位

浙江省 318位企业家学员
杭州：116位
金华：66位（义乌21位）
温州：28位
台州：26位

- 数据截至2025年1月

一亿中流2035战略私董会四周年合影

一亿中流2035战略私董会五周年合影

一亿中流2035战略私董会六周年上千位企业家合影

一亿中流2035战略私董会1班合影

一亿中流2035战略私董会2班合影

一亿中流2035战略私董会3班合影

一亿中流2035战略私董会4班合影

一亿中流2035战略私董会5班合影

一亿中流2035战略私董会6班合影

一亿中流2035战略私董会7班合影　　　**一亿中流2035战略私董会8班合影**

一亿中流2035战略私董会9班合影　　　**一亿中流2035战略私董会10班合影**

一亿中流2035战略私董会11班合影　　　**一亿中流2035战略私董会12班合影**

一亿中流2035战略私董会13班合影

一亿中流2035战略私董会14班合影

一亿中流2035战略私董会15班合影

一亿中流2035战略私董会16班合影

一亿中流2035战略私董会17班合影

一亿中流2035战略私董会18班合影

一亿中流2035战略私董会19班合影

一亿中流2035战略私董会20班合影

一亿中流2035战略私董会21班合影

一亿中流2035战略私董会22班合影

一亿中流2035战略私董会23班合影

一亿中流2035战略私董会24班合影

刘海峰分享高维战略

刘海峰在高维战略大课现场与企业家合影

刘海峰给企业家做辅导

刘海峰为企业家授课

《高维增长》签售会

《高维增长》签售会

刘海峰与学员欢聚

刘海峰与学员欢聚

刘海峰与学员在美国斯坦福游学

刘海峰与学员在墨西哥游学

刘海峰与学员在日本游学

刘海峰与学员在新加坡游学

刘海峰与学员在印度尼西亚游学

刘海峰与学员在茅台镇游学

刘海峰与学员在华大集团（BGI)游学

扫一扫
加入一亿中流2035战略私董会

他
们
和
你
一
起
成
长

企业如何布局未来，实现高维增长？

扫码报名2035战略
私董会和高维战略课程

扫码联系一亿中流
链接更多资源

扫一扫了解
一亿中流集团

滕步彬

众鑫股份创始人

一亿中流 2035 战略私董会学员

众鑫股份（603091.SH）： 中国领先的纸浆模塑制品解决方案提供商之一

一亿中流企业服务加速器入园企业

一亿中流战略投资企业

众鑫股份与一亿中流渊源颇深。我与海峰老师也相交多年，对于他在《高维增长》里的企业经营哲学和方法论深有感触。他基于自己经营和服务企业的经验，在书中对产业、周期、战略进行了高维度分析。正如书里所言，不谋全局者，不足谋一域。《高维增长》带给我的启发，不只是产业或企业的全局，更多的是产业技术大势和技术战略方向，是人才的"高维战略"。感谢海峰老师的倾情分享！

海峰老师寄语：

一家服务于外包装行业的模具企业能做多大？滕步彬同学的众鑫股份给出了一个与众不同的答案。众鑫股份并没有将自身局限于模具这个单一领域，而是从其服务的终端大产业（如外卖产业、物流产业、食品包装产业等）出发，去寻找自身新的发展空间。短短5年时间，众鑫股份从一家模具制造企业升级为全球最大的生物可降解外包装制造商，产值规模增长数十倍，2024年9月成功在上交所主板上市。让人不仅惊叹企业家的高维创造力，更感叹企业把握产业趋势、借力资本、借力政府、借力产业的发展魅力。在全球环保趋势的推动下，众鑫股份正在成长为中国新一代制造领域的独角兽企业。

丁敬峰

欧税通创始人

一亿中流 2035 战略私董会学员

欧税通： 跨境电商一站式 VAT 税务服务平台

一亿中流企业服务加速器入园企业

一亿中流战略投资企业

认识海峰老师多年，他是在这个瞬息万变的时代中，具有宏观视野和情怀的企业家之一。他深谙企业在创新经济的快速发展以及传统经济的转型升级中，如何发挥产业、战略、资本等资源的作用。

《高维增长》这本书能够帮助我们企业家在发展的道路上少走很多弯路，在产业方向上明确道路，在战略资源上找出通路，让企业的资本之路更加畅通。

在书中，海峰老师毫无保留地分享了他对企业发展的思考，值得我们每一位"永远在路上"的创业者学习。

海峰老师寄语：

丁敬峰同学是一亿中流 2035 战略私董会学员。他以传统手工报税方式服务跨境电商出海近 10 年。2020 年，欧税通用技术创新（SaaS）模式彻底革新了这个行业。在这个极其细分的行业中，欧税通成了中国跨境电商出海企业的标配服务平台，市场占有率超过 50%。在赛道的抢跑过程中，欧税通从起步期的样板模型塑造，到成长期的快速跑马圈地，到打穿市场后的点线面体复制扩张战略，进入更大服务市场，3 年时间成长数十倍，演绎堪称完美。一亿中流是欧税通的第一个投资人，之后它获得了高成、博裕等一众大资本的接连投资，欧税通正在加速成长为中国跨境电商出海的第一服务平台。

陶小波

帅车集团创始人 CEO

一亿中流 2035 战略私董会学员

帅车集团：全国中高端二手车行业头部企业

一亿中流战略投资企业

在机缘巧合中阅读到刘海峰老师的第一版《高维增长》，看完书中的内容后，书中讲的"顺三势，借三力"的观点，我非常高度认同。帅车这些年一步一步走的路径和这个观点不谋而合，正是帅车在做的。后来多次和海峰老师深谈，海峰老师的胸怀与使命感让我很是赞许。他对企业战略的洞察力和对未来的远见性，是我见过人当中不可多得的智者。一亿中流将战略投资帅车品牌，让我们"亿"起携手，帅出高度。

海峰老师寄语：

小波总是二手车领域中的"高维者"。庞大的汽车产业必定带来庞大的二手车行业，但是二手车行业的商业进化速度远不及造车企业，散小乱弱，且不规范，而帅车集团将地方政府、二手车商、流量经济、平台，四方完美地融合在一起，做超过百亿元营收的超级城市大单体，极致化地提高了四方的商业效率，降低了成本损耗，这是二手车行业真正的一次大进步，远比某些互联网二手车平台优秀。中长期看，一亿中流深度陪伴帅车网，我们有机会联手改变二手车行业，最终打造出中国版的"千亿市值车美仕"。

曹炎

兰湘子创始人

一亿中流 2035 战略私董会学员

兰湘子：湘菜连锁品牌

一亿中流战略导航咨询服务企业

与海峰老师相识，源自一堂"高维战略"课程学习，让我决心加入私董会继续学习顺势借力的精髓，课程系统且全面地解决了企业高维增长的关键。而《高维增长》一书很好地解决了大家如何初次了解高维战略的问题。从结构效率大于运营效率，从产业的终局来思考企业的终局，只有穿越周期的企业才有未来……这些精辟的内容会让企业家读者大饱脑福。

在一亿中流 2035 战略私董会的朋友圈里，我找到一群志同道合的创业者，他们的精神相互鼓舞着对方，创业故事启发了彼此，这样一个群体正是企业家难以寻找的，我希望在这个课堂中继续学习下去，永不毕业！

海峰老师寄语：

一家西安企业，在新冠疫情 3 年中逆势开出近 300 家门店，成为全国知名的湘菜连锁品牌，曹炎同学将"点线面"战略、结构效率释放到了极致，充分说明了无论市场好与坏好的企业都会脱颖而出。今天，曹炎同学 3 年前在私董会课堂上做的"战略作业"，用顺三势和借三力构思的未来发展图景，成为许多同学的学习榜样。曹炎同学更是将半个西安的餐饮圈企业家，带到了一亿中流 2035 战略私董会的课堂，做企业有格局，得道者多助！

刘金法

云集数科董事长
一亿中流 2035 战略私董会学员

云集数科（**873683**）：**北京中关村国家高新技术企业**
一亿中流企业服务加速器入园企业
一亿中流战略投资企业

与海峰老师相识，是在 2021 年 4 月。3 天的"高维战略"课程学习，仿佛让我开了"天眼"。一个以终为始、顺势借力的全新商业世界画像，呈现在我的认知里。我也开始试着站在更高的维度，审视云集数科的发展策略。云集数科要改变！从"小而美"变成"卓越而伟大"。

看到《高维增长》一书正式出版，我心里特别高兴，尤其是在这个商业社会发生剧烈分化的当下，希望更多的创业者，能从中找到企业成长的"灵感"和"秘籍"，能在专业级赛手比拼的竞争环境中脱颖而出，开创自己精彩绝伦的商业人生！

海峰老师寄语：
刘金法同学是一亿中流2035战略私董会学员。在我们相识前，刘金法一直专注服务于银行金融数字化领域。但是云集数科切入的点太细分，虽然为银行做出了很大贡献，但营收规模和利润体量一直没办法实现规模突破。在我们的战略分析支持下，我们共同迈向了更大的服务市场，帮助地方政府建设普惠金融的数字服务平台，从To B（企业端）向To G（政府端）双轮驱动，并启动了资本平台。这一成功升级，让我们看到了云集数科数十倍的增长空间，利润规模也很快从百万级突破到千万级水平。一亿中流率先投资了云集数科，正在陪伴云集数科快速成为这一领域的独角兽企业。

李秋云

天晟微电子创始人

一亿中流 2035 战略私董会学员

天晟微电子： 新能源汽车行业的优秀赋能供应商

一亿中流企业服务加速器入园企业

一亿中流战略投资企业

天晟与许许多多发展、成长、转型的中小企业一样，经过多年的艰苦创业，从生存期进入发展期，然后面临增长瓶颈。幸运的是，2016年我们成功切入新的赛道，尽管发展相对稳健，但新赛道的竞争环境仍然充满危机。在这关键时期，我们需要寻找有力的组织平台，来助推天晟的发展。2020年，我在杭州的"高维战略"课上结识了海峰老师。"高维战略"课程让我深刻体会到，对经济环境的观察和洞察直接关系到行业选择和企业命运。它就像是为企业指明方向的指南针，清晰地展示了行业的现状，并决定了企业的发展规划。"高维战略"已成为天晟企业发展道路上的一座明亮灯塔。

海峰老师寄语：

李秋云同学是一亿中流2035战略私董会学员。在加入之前，他一直专注于手机屏幕膜切割领域。然而，随着中国手机市场逐渐达到巅峰，围绕手机产业链的天晟已经遇到了发展瓶颈。同时，由于手机产业链的产能过剩，天晟的盈利甚至出现了下滑。在这样的背景下，一亿中流与天晟共同分析产业趋势，从自身能力出发，寻找新的发展方向。5年前，天晟开始聚焦新能源汽车的智能屏幕膜切割领域。随着近年来新能源汽车市场的迅猛崛起，天晟已成为这个细分领域的行业领军者。

辛兆龙

顶固集创董事长

一亿中流 2035 战略私董会学员

顶固集创家居（300749.SZ）：

国内综合型的整体家居一体化创新方案解决商

一亿中流战略投资企业

因缘际会，结识一亿中流，我携高管团队参加了"高维战略"系列课程，受益匪浅。"高维战略"课程引用了众多企业成功案例，至少给我们带来了以下三点启示：第一，在新消费时代，只要能敏锐洞察并顺应发展趋势，创造商业奇迹并非难事。第二，最伟大的公司都是先专注于将某一领域做到极致，然后输出自己的成功模式为用户赋能。第三，摸着石头过河的时代已经结束，企业必须先有战略，然后极致执行、快速迭代、坚定不移地全力以赴。所谓战略，既是思维，也是方向、习惯和文化。企业的核心竞争力在于运用战略构建企业自身运营标准的内部驱动力，以及创新市场标准的外部驱动力。

胜败兴衰皆过往，战略永驻心中。让我们"亿"起努力，奋楫中流！

海峰老师寄语：

辛兆龙同学是一亿中流 2035 战略私董会近年来的代表。他身为企业二代接班人，却拥有着一代创业者的刻苦拼搏精神和雄心壮志。顶固集创是中国大家居产业最早的参与者，也是数十家该领域上市公司的佼佼者之一。虽然公司上市和十亿级营收对许多企业家而言已经是创业的巅峰，但践行"高维战略"使得新一代创业者将其视为成功的起点。顶固集创紧扣超级制造和超级品牌的核心战略，不断拓展产业边界，向着未来十倍级的增长努力。让我们拭目以待吧。

茅庆江

浩云科技创始人

一亿中流 2035 战略私董会学员

浩云科技（ 300448.SZ ）： 国内金融安防领域的领跑者

一亿中流投资合作企业

浩云科技成立于2002年，于2015年在创业板成功上市。自2021年接触一亿中流的"高维战略"以来，我受益匪浅，也成了海峰老师的好朋友。"高维战略"完全颠覆了传统战略制定方式，提供了一整套全新的、更适合现代商业发展的战略思考和战略制定方法论。"高维战略"站在未来的角度，从更广阔的商业格局出发进行思考、抉择，直至战略的落地执行，给中小企业的创始人和高管们拓展了全新的视野和思维的边界。

海峰老师寄语：

茅庆江同学是一亿中流2035战略私董会学员，他创立的浩云科技已成为金融安防领域的领导企业。班级的同学们都亲切地称茅庆江为"茅哥"，这不是因为他已取得的成功，而是因为他身上始终散发着对未来趋势、新周期、大格局勾画的独特热情。茅庆江将顺势借力的"高维战略"拆解得比其他同学更为细致，学习起来更为认真。这才是创业者，脚步不停，奋斗不息，哪怕是一家上市公司，都有着3年5倍、5年10倍的更大空间。

郭同军

优美时尚总裁

一亿中流 2035 战略私董会学员

优美世界： 粤港澳大湾区时尚产业协会创始企业

一亿中流企业服务加速器入园企业

一亿中流战略投资企业

当我看到海峰老师《高维增长》一书时，我觉得真的是中小企业家们的一种幸福。从我自身的经历以及我身边众多中小企业家的成长经历看，大家都经历了非常多的坎坷，才慢慢琢磨出一点企业经营之道，花的金钱以及时间代价都太大。

如今海峰老师的《高维增长》一书，可以说让众多企业家快速掌握了经营的底层逻辑与规律，还能提高思维维度与战略眼光，特别感谢海峰老师的大爱分享！

海峰老师寄语：

郭同军同学是一亿中流 2035 战略私董会最早一批的学员。优美世界（UMISKY）在 2000 年初就在中国服饰连锁市场中傲视群雄，最高峰时全国门店近 2000 家，并培育了一批后起之秀。然而，随着中国人均 GDP 的提升，优美世界也面临着消费升级、品牌升级等诸多挑战。郭同军抓住了新的中国文化复兴趋势，借助资本之力、文创领域的产业之力，正在谱写新的优美篇章。

程宝惠

萌诺母婴创始人

一亿中流 2035 战略私董会学员

萌诺母婴：华东地区月子会所第一梯队品牌

一亿中流企业服务加速器入园企业

一亿中流战略投资企业

　　两年前，我有幸参加海峰老师亲授的经营管理课程，对我而言，印象特别深刻的是里面提到的"以终为始"。海峰老师以他的理论基础和多年的实战经验，对"以终为始"做出解读："以最终的目标倒推所有起始点的行动。"一句话让我豁然开朗。

　　一亿中流投资萌诺母婴之后，我们的脱胎换骨有目共睹，除了同仁们的不懈努力之外，尤为重要的是"以终为始"战略思维的指导。感谢海峰老师与他的一亿中流！

海峰老师寄语：

　　在加入一亿中流服务体系之前，程宝惠同学在上海外滩创立了"萌诺母婴"品牌。经过 4 年的沉淀，她成功打造了一家在外滩边的高端月子中心样板门店。月子中心服务被认为是母婴看护产业未来的升级方向，机会诸多，但同时也面临着激烈的市场竞争。在这样的背景下，萌诺母婴靠一己之力，很难获得突破。作为"高维战略"的思想践行者，程宝惠能以更大的构思和格局引入一亿中流作为第一大战略股东。短短 4 年，在顺势借力的推动下，萌诺母婴从行业后来者逆袭居上，经营规模扩大了 10 倍以上，成为华东地区最大的母婴看护连锁集团。这无疑是"高维战略"在实践中的又一经典案例。

鲁 俊

消闲果儿创始人

一亿中流 2035 战略私董会学员

消闲果儿：中国量贩零食全国连锁品牌领跑者

一亿中流企业服务加速器入园企业

一亿中流战略投资企业

　　企业的发展是场赛跑，比的是企业家谁更有战略眼光。想要把握全局，就一定要从更高维度看商业，因为企业的成长本质是企业家的成长。

　　作为企业的掌舵人，只有拥有更高维度的思维，才能把握全局，看到生态战略，决胜于千里之外。因此，我向大家推荐这本书！

海峰老师寄语：

　　鲁俊同学是一亿中流2035战略私董会学员。零食集合店业态与诸如鲜丰、百果园等水果连锁产业相似，都是中国大消费升级过程中的进化产物。随着人均GDP的提高，年轻消费者对水果、轻餐、零食的消费频次和数量都在大幅增加。消闲果儿起步于杭州，鲁俊带领团队于2017年进入市场。虽然他们不是最早的进入者，但却是最佳的"高维战略"顺势借力者。短短5年，消闲果儿门店数量已超过500家。在一亿中流进行首轮战略投资后，越来越多的资本机构开始入局，关注并看好这个未来中国零食集合的领导品牌。

刘光耀

bosie 创始人

一亿中流 2035 战略私董会学员

bosie： 中国无性别主义的新锐设计师品牌

一亿中流企业服务加速器入园企业

一亿中流战略投资企业

商业的攀爬永无止境，企业的迭代层出不穷。作为创业者，我们在努力低头走好每一步的同时，更期望抬头看到满天星辰——这种更高维的视角，可以从本书中一窥究竟。商如海，人为峰，感谢海峰老师的倾情分享！

海峰老师寄语：

刘光耀是我的本科学弟，以山东高考文科第二名的优异成绩进入北大光华管理学院。在服装这个红海市场中，刘光耀看到了许多人没有看到的一道风景——"文化＋服饰"。随着文明的进步，在中国新兴消费者升级的大浪潮下，"无性别"服饰更像是对男女平权的呼唤，代表着社会新的趋势。刘光耀正以更高的维度降维进入这个红海市场，短短 5 年便成为这个领域的一匹黑马。

魏文锋

老爸评测创始人

一亿中流 2035 战略私董会学员

老爸评测： 最受民众认可的消费者质控平台

一亿中流企业服务加速器入园企业

一亿中流战略投资企业

认识海峰老师多年。他是一个长期主义实践者，不仅为企业家提供加速器、课程、资源等服务，而且还战略投资了许多企业，与企业一起前行。

《高维增长》这本书其实是海峰老师战略思考与大局观的凝结。大局观不是培养出来的，而是通过实战，不断总结提升、磨炼出来的。这本书中有很多他自己独创的企业战略知识，还有他服务企业的实践案例，很值得大家认真阅读。

海峰老师寄语：

魏文锋同学是一位将理想主义与现实主义完美融合的创业者。曾在浙江省出入境检验检疫局任职的他，后来投身于企业检测创业的 To B（企业端）服务。在中国产业升级的大背景下，魏文锋敢为天下先地开创了"为老百姓检测"的事业。通过商业模式的创新实践，魏文锋践行为民检测的公益初心，赢得了近5000万网友的关注和数百万消费者的信赖。一亿中流见证了老爸评测的数十倍发展，将始终作为老爸评测的忠实服务者和战略股东，伴随企业的持续成长。

一亿中流集团"一体两翼"模式

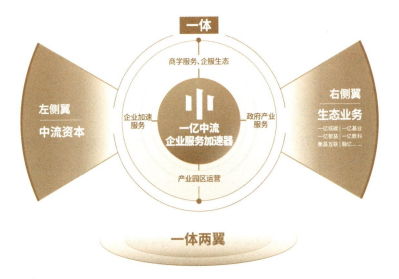

以企业服务加速器为核心载体，以"中流资本"产业投资和生态业务联动赋能为两翼

使　命：为中国企业赋正能，为商业世界注清流

愿　景：成为全球卓越的企业服务加速器

价值观：赤子之心，成人达己，知行合一，坚定精进

一亿中流，特指营收或估值在亿元级的企业，具备强技术、好产品，正成长为各细分领域的中流砥柱；服务一亿中流企业家全面成长，一亿中流集团应运而生！

"顺大势，借大力"。一亿中流集团紧扣腰部企业家成长的核心诉求和地方政府的产业发展需求，开创性构建"一体两翼"模式，以企业服务加速器为核心载体，以"中流资本"产业投资和生态业务联动赋能为两翼，打造链接万亿级产业资源的优质企业服务平台。

一亿中流企业服务加速器

一亿中流以商学服务为入口，为企业提供战略及资本培训、战略陪跑及全面升级咨询等企业加速服务，专注于亿元级企业家群体的战略升级与业绩增长。

依托强大的自有导师阵容和咨询服务团队，首创以"顺三势，借三力"为思想核心的"高维战略"方法论，每年授课超5000家企业，历史服务企业超3万家，一亿中流2035战略私董会选拔上千位企业家超长期重度服务，大批企业从中脱颖而出，实现战略突破和业绩指数级增长。一亿中流董事长刘海峰的线上IP，诸多知名案例广泛传播，全网粉丝近2000万。一亿中流战略研究院成为中国战略领域最具实操力机构。

以广泛的企业家服务平台为基础，一亿中流聚焦GDP超万亿元的核心城市，顺应地方政府高质量发展与国有物业高品质运营需求，与数十处地方政府合作打造亿元级企业加速器园区，对一亿中流型企业聚合加速。

数十座加速器在杭州、上海、南京、合肥、西安、成都、广州、深圳等十余座城市落地生根，总管理面积超70万方，入驻企业超1000家，成为企业腾飞的摇篮和地方发展的"金名片"，一亿中流加速器获评中国知名产业园领导品牌！

"中流资本"产业投资

基于企业服务加速器为主体，中流资本深度挖掘一亿中流生态圈内优质企业，以"直投基金＋地方政府产业招商基金＋S基金"战略入股，通过长期投后赋能，帮助企业实现高速规范发展。

目前，中流资本战略投资覆盖企业近百家，管理规模超20亿，众鑫环保、欧税通、十三余、老爸评测、芸岭鲜生、消闲果儿、云集数科、祥邦科技、广昌汽车……大量资本市场独角兽起始于"中流资本"！中流资本荣获融中"中国最佳产业赋能投资机构"！

一亿中流生态业务

一亿中流打造丰富的生态业务，实现对腰部企业的多元联动赋能。

一亿基业：与一亿中流企业家联手开发产业地产，打造亿元级企业总部经济。

一亿智装：为企业家提供个性化定制、装配式服务的优质办公空间。

一亿数科：集合多方技术平台为政企客户提供AI数字化软件服务。

衡昌互联：联手知名企业家邓鸿，打造百亿元高端酱酒品牌衡昌烧坊。

融亿资本学院：与知名机构融中，联同百位顶级资本导师，培养未来"企业投资家"。

LADYBOSS：联手打造中国领先的超万名的女性创业者服务平台。

一亿低碳：布局绿电产业发展，打造以绿电为支撑平台的现代化低碳产业园。

面向2035年的征途，一亿中流将持续发挥"一体两翼"聚合赋能优势，立足中国，出海全球，打造全球卓越的企业服务加速器！至2035年，一亿中流目标深度赋能3000家亿元级企业，培育100家上市公司，1000家行业隐形冠军，总经济产值超10000亿元。

为中国企业赋正能，为商业世界注清流，为中国 2035 愿景实现贡献力量！

扫一扫二维码，观看完整视频

一亿中流企业服务加速器

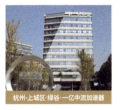
杭州·上城区·绿谷·一亿中流加速器

杭州·西湖区·瑞泽·一亿中流加速器

杭州·西湖区·开物创新·一亿中流加速器

杭州·滨江区·浙水·一亿中流加速器

杭州·余杭区·仁和·一亿中流产业园

金华·经开区·金华之心·一亿中流加速器

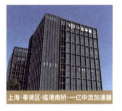
上海·奉贤区·临港南桥·一亿中流加速器

合肥·包河区·云谷创新·一亿中流加速器

南京·江宁区·佳强大厦·一亿中流加速器

西安·高新区·硬科技港·一亿中流加速器

西安·高新区·高科云谷·一亿中流加速器

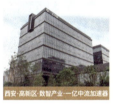
西安·高新区·数智产业·一亿中流加速器

西安·高新区·科创中芯·一亿中流加速器

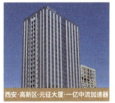
西安·高新区·元征大厦·一亿中流加速器

成都·金牛区·环投大厦·一亿中流加速器

长沙·湘江新区·北斗·一亿中流加速器

广州·番禺区·德舜大厦·一亿中流加速器

广州·番禺区·德舜大厦A塔·一亿中流加速器

深圳·宝安区·梧桐岛·一亿中流加速器

. . .

19

一亿中流集团荣誉

强大实力获行业社会认可

- 2024年，一亿中流集团创始人、董事长刘海峰荣登"2024福布斯中国新时代颠覆力创始人"榜单。
- 2024年，一亿中流旗下中流资本凭借丰富的投资经验和强大的投后赋能实力，荣登融中"2023-2024年度产业投资榜·中国最佳产业赋能投资机构"榜单。
- 2024年，一亿中流集团荣获"2024克而瑞·产城全国产业园区企业服务力TOP5"，是对集团优秀的产业园区运营实力、创新的服务赋能模式、地方产业聚集与培育能力以及品牌价值的充分肯定。
- 2023年，一亿中流企业服务加速器优秀的产业园区运营实力、创新的产业生态赋能模式，以及成熟的腰部企业赋能实践与地方产业聚集培育能力，荣获克而瑞"2023年长三角产业园区优秀运营商TOP10"。
- 2023年，一亿中流集团凭借深厚的行业影响力、全要素生态赋能与服务实力，荣获艾媒咨询"2023年中国新经济卓越企业奖（企业服务）"，是对集团在企业服务领域所做杰出贡献及卓越实力的有力认证。

各级政府及平台荣誉认定

- 2024年，一亿中流集团董事长刘海峰凭借着敢为人先的创业精神与领先的商业赋能成果，荣膺第十一届"光荣浙商"称号
- 2024年，一亿中流集团获"中国招标投标企业信用AAA"认证。
- 2023年，金华·经开区·金华之心·一亿中流加速器获金华市科学技术局颁发的"市级科技企业孵化器"荣誉。
- 2023年，西安·高新区·硬科技港·一亿中流加速器获陕西省科技厅颁发的"省级科技企业孵化器"荣誉。
- 南昌·红谷滩区·人社大厦·一亿中流加速器入选"2022年度江西省全面深化改革优秀案例评选"活动，并荣获"2022年度南昌市全面深化改革优秀案例"。
- 2020年，杭州·余杭区·柯创园·一亿中流加速器荣获杭州科学技术局颁发的"市级科技企业孵化器"、省级数字经济"飞地示范基地。
- 2019年，杭州·上城区·绿谷·一亿中流加速器荣获杭州科学技术局颁发的"市级科技企业孵化器"。

一亿中流战略投资覆盖企业（部分）

科技制造类

（中芯长电）
国内半导体中段硅片加工领域龙头企业

光伏电池封装胶膜头部生产商

智能豪华新能源汽车整车品牌

股票代码：603091
（众鑫股份）
全球最大自然降解植物纤维模塑产研销企业

国内ALD设备（原子层镀膜设备）龙头供应商

（纳力新材料）
国内领先的锂电复合集流体材料研发商

For Data Vitality
（得瑞领航）
国内领先的企业级SSD供应商

飞孟金刚石
工业级磨削类金刚石领域细分龙头公司

加速科技
半导体数模混合信号测试设备国产替代领军企业

（度亘激光）
国内高性能激光芯片领域第一梯队

全球领先的高科技汽车电子产品及新能源整车大功率无线充电产品供应商

蓝美股份
以科技种业为根基、以营养食品化运营为核心的国家产业化农业龙头

思坦科技
Micro-LED全套解决方案技术提供商

上海寰宇乾勤航天科技有限公司
中国第一家面向工业化产能建设的商业航天企业

陆田消防
MT.Fire control
拥有自主核心技术的国际化科技型消防企业

CHANCEE
（橙犀）
全球领先的商用清洁设备和解决方案提供商

股票代码：832213
（双森股份）
世界级精密不锈钢管定制专家

粒子光速
专注于未来网络优化领域的建设与研究的网络性能优化服务商

国内规模最大的头部品牌汽车改装专家

（森耐）
以智能控制为载体，致力于智慧城市减排增效系统解决方案的科技公司

淳静环境
专注于新型环保包装材料研发生产

珠海泰为电子有限公司
Zhuhai Tai-Action Electronics CO., LTD.
领先的工业级、车规级DSP芯片及集成算法软硬件解决方案提供商

ZURKT
（卓科木业）
东非林木产品开发领军企业

蓝深科技
专注于高分子功能分离材料研发、制造、应用的高新技术企业

PINS 品驰
持续深耕于神经调控领域的国家首批专精特新小巨人企业

Aricen
亚太地区领先的高纯电子化学品和电子气体产品供应商

地球山
EARTHMOUNTAIN
国内首家数字MEMS扬声器研发和生产企业

（蓝能）
国内氢气储运的龙头企业

泰科贝尔
TICBEL
国内自主生产直驱电机的先行者

致瑞科技
树脂新材料行业创新引领者

IDCEMS
（领德创科技）
国内消费级存储软硬件行业龙头企业

LESHI
（乐施科技）
智能硬件领域创新先锋

InterFace
Sealing Solutions
（因特费斯）
国内工业人机界面设计新锐供应商

纳米科技领域创新引领者

CHENIAO
以智能科技重塑工业安全标准的创新型智造企业

21

国内领先的智能物流装备
集成制造交付商

国内知名水上竞技运动产品供应商

国内领先的新能源材料与消费电池
一站式服务平台

消费服务类

数据和算法驱动的跨境电商领军企业

中国领先的食品科技企业

最受民众认可的消费者质控平台

股票代码：TYO2340
始创于1980年，是日本温泉浴文化
的代表之一

国内销售体量最大、品牌粉丝量最多
增长速度最快的国潮汉服品牌

国内规模最大的线上线下一体化
二手车新零售平台

国内规模最大的有机蔬菜及科技
农业标杆企业

华东区域月子会所第一梯队
品牌实力领跑母婴行业

中国量贩零食全国连锁品牌领跑者

国内知名的下沉市场内衣家居服
连锁品牌公司

为机构达人提供品牌输出、运营
策略、商业变现的生态平台

国内知名的高端日料餐饮服务商

中国食品净化行业领导者

生态低碳经济茶园领导者

以文化+设计+IP为驱动的潮流
毛绒玩具公司

全国知名的剧本杀内容创作及
分发平台

政企服务类

跨境电商一站式VAT税务服务平台

拥有70000+注册用户的一体化路演
在线解决方案供应商

成为领先的数字化人力资源
生态服务平台

股票代码：873683
北京中关村国家高新技术企业

全国首家财税大数据风控平台

国内领先的创业女性成长服务商平台

国内知识付费IP孵化赛道领军者

数字检测行业创新引领者

生物医药类

致力于研发超小型全磁悬浮人工心脏

国内产品线最为齐全的针对吸入制剂
进行配套服务的递药器械企业

神经疼痛领域明星初创企业

微生物发酵健康产品全链服务平台

全国领先的产后骨骼康复连锁服务商

一亿中流2035战略私董会

一场面向2035年的长期陪跑计划

一起学

一年六堂大课
十年不断巡回

由刘海峰老师主授的六门核心大课，培养企业家学员"顺三势借三力"的六大核心能力。

- 顺势未来：商业大势与企业机会
- 顺势周期：机会取舍与战略选择
- 顺势全局＋借力产业：无模式不赢
- "高维战略"规划辅导营
- 借力资本：驾驭资本六脉神剑
- 借力政府：企业 To G 战略

城市游学＋大咖分享

每年进行两次标杆城市游学，并以半年度为单位，邀请产业资深专家，结合赛道"六大升级"方向，为学员带来最新的思想盛宴。

年度战略大课

总结上一年战略成效，落实下一年战略安排，为学员指明发展方向，共同迈向新的征程，不断迭代至2035年。

一起干

深度合作、产业赋能

一亿中流通过战略入股及战略合作等方式，与学员建立紧密的联系，一起围绕未来的新产业和新赛道展开合作，成为产业赋能的一份子，深度参与企业的未来发展过程。

开放全域产业生态

一亿中流拥有超 2000 位亿元级企业家的产业生态朋友圈，向私董会学员全面开放，相互助力，共同成长。

一亿中流开放全国数十家顶级资本机构直通车，为学员企业发展壮大提供重要的战略资金资源。

一亿中流开放全国政府政策直通体系，为学员企业拓展业务版图和落地各个核心城市发展，提供一站式的政策服务及产业扶持。

>>> **助力企业重构战略**　　**助力企业快速成长** <<<

与奋斗者并肩，共攀高峰；与卓越者同行，共创辉煌。
一亿中流与广大志同道合的企业家携手共进！

一起走到2035！